Bankenaufsicht im Dialog

2016

Schriftenreihe zum Bundesbank Symposium

Herausgegeben von Andreas Dombret

Bankenaufsicht im Dialog 2016

Band 2

Fritz Knapp Verlag · Frankfurt am Main

Besuchen Sie uns auch im Internet unter
www.knapp-verlag.de

ISBN 978-3-8314-0869-6

Gestaltung: Service & Agentur H. Nöbel, Hofheim/Ts.
Satz: DASACOM, Dirk Schüler, Hofheim/Ts.
Druck- und Bindearbeiten: A. Hellendoorn KG, Bad Bentheim

Printed in Germany

Grußwort

Zwischen globaler Harmonisierung und mehr Verhältnismäßigkeit – Bankenaufsicht und Bankenregulierung im Jahr 2016

2016 ist für die Bankenregulierung ein entscheidendes Jahr: Bis Ende dieses Jahres soll das Basel-III-Rahmenwerk abgeschlossen sein. Sobald die Arbeiten beendet sind und das Rahmenwerk international einheitlich umgesetzt ist, wird es einen wichtigen Beitrag dazu leisten, das Finanzsystem als Ganzes stabiler und sicherer zu machen. Dafür werden die überarbeiteten Verfahren zur Messung der Bankrisiken und Bestimmung der nötigen regulatorischen Mindestkapitalanforderungen sorgen. Mit dem Beschluss zu Basel III in 2010 hatte der Baseler Ausschuss für Bankenaufsicht bereits eine Erhöhung der Qualität und Quantität der Eigenmittel und erstmalig international einheitliche Liquiditätsstandards festgelegt.

Bis zum Abschluss dieser Arbeiten ist in diesem Jahr noch einiges zu tun. Während der neue Standard für die Marktrisiken bereits fertig gestellt wurde, müssen andere Reformbausteine noch verabschiedet werden. Dazu zählen etwa die Leverage Ratio oder auch der neue Standardansatz für operationelle Risiken. Offen ist ebenfalls noch die richtungsweisende Frage nach der Kalibrierung des Rahmenwerks insgesamt unter der Maßgabe, dass die regulatorischen Kapitalanforderungen nicht signifikant ansteigen werden. Der Baseler Ausschuss und seine Arbeitsgruppen arbeiten hieran mit Hochdruck. Nach Abschluss wird das Baseler Rahmenwerk auf europäischer Ebene umgesetzt; entsprechende Arbeiten laufen bereits parallel zu den Baseler Reformen.

Mit der Umsetzung des Baseler Rahmenwerks durch Kapitaladäquanzverordnung und -richtlinie und dem einheitlichen europäischen Aufsichtsmechanismus konnte ein höherer Grad an Harmonisierung in der Regulierung und Aufsicht in Europa erzielt werden. So wurden etwa Teile des Aufsichtszyklus und insbesondere der jährliche aufsichtliche Überprüfungs- und Evaluierungsprozess (SREP) für die von der EZB direkt überwachten Banken vereinheitlicht. Diese Vereinheitlichung der Aufsichtspraxis bietet der Europäischen Bankenaufsicht die Möglichkeiten, (i) Kreditinstitute nach einheitlich hohen Standards zu beaufsichtigen, (ii) europaweit Banken und Sparkassen miteinander zu vergleichen und (iii) Risiken für das gesamte Bankensystem, die sich aus ähnlichen Geschäftsmodellen ergeben könnten, frühzeitig zu erkennen. Das bildet auf europäischer Ebene den Rahmen für einen stabilen Bankensektor, der seinen Aufgaben für die Volkswirtschaft nachgehen kann.

Bei der Debatte um Harmonisierung sind mir vor allem zwei Dinge wichtig: Erstens ist die Harmonisierung im europäischen Aufsichtsmechanismus ein wesentliches Ziel, das ich unterstütze, zum Beispiel bei den Verhandlungen zu den Optionen und nationalen Wahlrechten. Zweitens ist und darf Harmonisierung kein Selbstzweck sein. Dabei muss bei allen Bestrebungen, ein einheitliches „level playing field" zu schaffen, beachtet werden, dass Kreditinstitute sehr unterschiedlich sind – sowohl, was ihre Größe als auch was ihr Risikoprofil angeht. Es spricht also viel dafür, dass Banken und Sparkassen angemessen, also verhältnismäßig, reguliert und beaufsichtigt werden. Diese Debatte, auch als Proportionalitätsdebatte bekannt, hat zunehmend an Fahrt aufgenommen. Die Bundesbank ist hierbei ein Vorreiter und wird nicht müde werden, dieses Thema weiter voranzutreiben.

Für die Kreditinstitute kommt diese Diskussion in einer Zeit, in der sich für sie in vielerlei Hinsicht der Wind dreht: Nicht nur wird die Regulierung strenger, die Aufsicht europäischer und der Wettbewerb härter – auch das Marktumfeld ändert sich rasant und ist im Moment vor allem durch das historisch niedrige Zinsniveau und den Druck, den die Digitalisierung und mit ihr neue Marktteilnehmer ausüben, geprägt. Die Banken und Sparkassen sind nun also gefordert, rechtzeitig und zugleich nachhaltig auf diese neuen Herausforderungen zu reagieren und dabei auch ihre Geschäftsmodelle auf den Prüfstand zu stellen.

In diesem Umfeld bleibt es das oberste Ziel sowohl für Aufseher als auch für Banken und Sparkassen, die Stabilität des Bankensystems zu bewahren. Das gelingt am besten, wenn beide Parteien in den Dialog treten und sich austauschen. Diese Gelegenheit bietet das Bankensymposium, das die Bundesbank seit vielen Jahren gemeinsam mit der Zeitschrift für das gesamte Kreditwesen veranstaltet. Die Ergebnisse des diesjährigen Symposiums sind in diesem nunmehr zweiten Band der Schriftenreihe zur Dokumentation der Bankensymposien zusammengetragen. Wie auch schon im letzten Jahr soll dieser Band einen Überblick über aktuelle Themen von Bankern und Bankenaufsehern geben und Anregungen für weitere Diskussionen bieten.

Das nächste Bundesbank Symposium wird am 15. März 2017 in Frankfurt am Main stattfinden. Bitte merken Sie sich diesen Termin bereits vor.

Frankfurt am Main, August 2016

Andreas Dombret

Inhaltsverzeichnis

Kapitel 1

Die europäische Bankenunion

Dr. Andreas Dombret
Vorstandsmitglied
Deutsche Bundesbank

Andreas Dombret

Baustelle europäische Bankenunion – gemeinsame Aufsicht, gemeinsame Abwicklung, gemeinsame Einlagensicherung?

1. Einleitung

Die europäische Bankenunion ist ein Großprojekt, bei dem vielfältige Bauarbeiten im Gange sind.

Der erste Bauabschnitt der Bankenunion wurde im November 2014 abgeschlossen, als der einheitliche europäische Aufsichtsmechanismus, kurz SSM, seine Arbeit aufgenommen hat. Seitdem werden die größten Banken des Euro-Raums nach einheitlichen Standards beaufsichtigt. Von dem Tempo, in dem die europäische Bankenaufsicht umgesetzt wurde, können sich andere Großprojekte sicherlich eine Scheibe abschneiden. Natürlich gibt es einige Baumängel und auch den einen oder anderen Konstruktionsfehler, die noch behoben werden müssen. In dem folgenden Beitrag von Frau Sabine Lautenschläger finden Sie dazu mehr.

2. Zwei Säulen der Bankenunion stehen …

Seit Beginn dieses Jahres steht nun auch der zweite Bauabschnitt, der einheitliche europäische Abwicklungsmechanismus, kurz SRM. Sie erinnern sich vielleicht, dass das Vorstandsmitglied des Single Resolution Board, Joanne Kellermann, hier vor einem Jahr vorgetragen und Ihnen den SRB frühzeitig vorgestellt hat.

Der SRM ist eine wichtige Ergänzung zur europäischen Bankenaufsicht. Er soll sicherstellen, dass im Ernstfall, wenn ein Institut nicht mehr überlebensfähig ist, zunächst Eigentümer und Gläubiger die entstehenden Verluste tragen. Danach kann ein mit Bankenabgaben befüllter Abwicklungsfonds einen Beitrag leisten. Die Steuerzahler stehen in dieser Haftungskette ganz am Ende. Dadurch trägt der europäische Abwicklungsmechanismus auch dazu bei, die enge Verbindung zwischen Banken und öffentlichen Finanzen aufzubrechen. Diese enge Verbindung hat, wie Sie alle wissen, während der Krise ein zentrales Problem dargestellt.

Mit diesen beiden Säulen der Bankenunion hat die Europäische Union die Finanzintegration deutlich gestärkt. Was allerdings noch erheblicher Diskussionen bedarf, ist die Frage nach einer dritten Säule – der europäischen Einlagensicherung – auch bekannt als *European Deposit Insurance Scheme*, kurz EDIS.

3. … die dritte steht noch aus

Besonders in Deutschland wird dieses Thema heiß diskutiert, seit die Europäische Kommission im November vergangenen Jahres als Architektin kühne Pläne zur Bauweise und zum Ablauf in ihrem sogenannten EDIS-Vorschlag entworfen hat. Und nicht zu Unrecht schlagen die Wellen hoch.

Das Ziel der europäischen Einlagensicherung ist dabei so alt wie die Einlagensicherung selbst: Es geht um die Vermeidung eines Bank-Runs durch die Absicherung der Einlagen. Um das zu erreichen, werden ein funktionierender Sicherungsfonds und ein verbindlicher Rechtsrahmen benötigt.

Die Logik der Kommission erscheint erst einmal sehr einleuchtend: In einem europaweit integrierten Finanzmarkt soll das Risiko eines Bank-Runs durch die Absicherung der Einlagen auch europäisch so gering wie möglich gehalten werden. In Fällen, in denen ein rein nationales Sicherungssystem überfordert wäre, soll ein europäisches System der Einlagensicherung einspringen.

Wie sieht nun der Vorschlag der Kommission aus? Ab 2017 ist als erster Schritt bis 2019 eine Rückversicherung vorgesehen – also ein System nationaler Töpfe mit einem europäischen Rückversicherungstopf als Rückendeckung. Daran anschließend soll von 2020 bis 2023 eine Mitversicherung kommen – dann zahlen nationaler und europäischer Topf in einem Insolvenzfall vom ersten Euro an. Der Anteil des europäischen Topfes soll stetig steigen, bis die dritte Stufe beginnt. Spätestens bis 2024 soll eine Vollversicherung auf europäischer Ebene geschaffen sein, in der alle Entschädigungsfälle in den teilnehmenden Staaten europäisch finanziert würden.

Um es direkt zu sagen: Es ist nicht unwahrscheinlich, dass es irgendwann zu einer Europäisierung der Einlagensicherung als dritter Säule der Bankenunion kommt. Jetzt müssen wir die notwendigen Voraussetzungen dafür schaffen; und dann muss man auch überlegen, wie eine dritte Säule das Ziel – also die Sicherung der Einlagen und damit die Verhinderung eines Bank-Runs – am besten erreichen kann.

Diejenigen, die schon ein Haus gebaut haben, wissen, dass es dabei nicht nur um kühne Pläne geht, sondern dass auch die Rahmenbedingungen wie die Beschaffenheit des Bodens und des Baugebiets beachtet werden müssen. Und was die Rahmenbedingungen angeht, müssen für diesen *dritten Bauabschnitt* noch einige Vorarbeiten geleistet werden.

4. Keine Säule ohne Fundament

Vielleicht kennen Sie die Geschichte von Sherlock Holmes und Dr. Watson, die einen Campingausflug machen:

Nach einem guten Abendessen und einer Flasche Wein legen sie sich in ihr Zelt zum Schlafen. Stunden später erwacht Holmes und weckt seinen Freund. „Watson, sieh dir den Himmel an und sag mir, was du siehst." Watson blickt nach oben und antwortet: „Ich sehe Millionen von Sternen." „Und was sagt dir das?", fragt Holmes. Watson grübelt kurz und meint: „Astronomisch heißt dies, dass da draußen Millionen von Galaxien sind und möglicherweise Billionen Planeten. [...] Logischerweise schließe ich daraus, dass es ungefähr Viertel nach Drei ist. [...] Meteorologisch vermute ich, dass morgen gutes Wetter sein wird. Wieso, was sagt es dir?" Holmes schaut ihn kurz an und sagt: „Watson, du Dummkopf, jemand hat unser Zelt gestohlen."

Wie den beiden Profi-Detektiven sollte es auch den Konstrukteuren der gemeinsamen Einlagensicherung darum gehen, das Wesentliche vom Unwesentlichen zu unterscheiden. Und unser wesentliches Ziel ist die Sicherung der Einlagen der Kunden. Zweitrangig ist dabei für mich zunächst die Frage, ob dies zum jetzigen Zeitpunkt zwangsläufig auf europäischer Ebene erfolgen muss.

Aus meiner Sicht sind vielmehr drei Faktoren entscheidend, um die dritte Säule der Bankenunion so stabil wie möglich zu bauen:

- Erstens müssen notwendige Vorbedingungen erfüllt sein;
- zweitens müssen wir genau überlegen, ob der Kommissionsvorschlag das beste Vorgehen zur Erreichung unseres Zieles ist und
- drittens dürfen bewährte nationale Systeme nicht einfach über Bord geworfen werden.

Ich gehe auf diese drei Faktoren im Folgenden näher ein. Beginnen wir mit den notwendigen Vorbedingungen. Ein wesentlicher Punkt, wenn wir über Einlagensicherung sprechen, sind stabile Banken. Sie sind der allerbeste Schutz für Einlagen. Und hier müssen wir in Europa noch einiges tun. Dazu gehört für mich vor allem Folgendes:

Erstens können Risiken auf europäischer Ebene nur dann vergemeinschaftet werden, wenn alle Mitglieder des gemeinsamen Sicherungssystems sich im gleichen Maße anstrengen, die Risiken zu begrenzen. Hierzu ist es unerlässlich, dass die bestehenden Regeln auch von allen umgesetzt und eingehalten werden. Dazu gehört vor allem, die vereinbarten Maßnahmen zur Sanierung und Abwicklung von Kreditinstituten einerseits und zur Harmonisierung der bestehenden Einlagensicherungssysteme andererseits umzusetzen. Leider werden derzeit noch nicht alle Mitgliedsstaaten diesem Anspruch gerecht. Und diese Regeln müssen nicht nur umgesetzt, sie müssen auch effektiv angewendet werden. Dazu ist es beispielsweise erforderlich, dass ein hinreichender Puffer an bail-in-fähigen Verbindlichkeiten vorliegt und dass der Bail-In dann auch rechtssicher möglich ist. Dies macht Nachsteuerungen bei der insolvenzrechtlichen Behandlung notwendig.

Zweitens geht es mir um die Auflösung der Banken-Staaten-Verbindung: Viele Banken in der EU verfügen in ihren Bilanzen über beträchtliche Forderungen an Staaten, insbesondere an den jeweiligen Heimatstaat. Damit verbunden sind natürlich entsprechende Kredit- und Konzentrationsrisiken. Solange aber das Halten von Staatsanleihen noch regulatorisch bevorzugt wird, haben die Banken keinen Anreiz, diese Risiken in ihren Bilanzen abzubauen und bleiben damit von der wirtschaftlichen Lage des Heimatlandes abhängig. Bliebe es bei dem Status quo, könnten durch eine gemeinsame Einlagensicherung Staatsschulden quasi durch die Hintertür vergemeinschaftet werden.

Eine solche politische Versuchung und Zweckentfremdung der gemeinsamen Einlagensicherung muss nach meiner festen Überzeugung unbedingt vermieden werden. Es ist daher erfreulich, dass die EU-Kommission in ihrem Vorschlag für eine europäische Einlagensicherung explizit auf das Problem der regulatorischen Bevorzugung von Staatsanleihen eingeht. Jetzt muss sie dem aber auch einen konkreten Vorschlag folgen lassen, der sowohl das Kredit- als auch das Konzentrationsrisiko adressiert. Ich finde es entscheidend für die weitere Verhandlung über eine Einlagensicherung, dass dieses Problem rechtzeitig gelöst wird.

Und ich möchte noch eine weitere Vorbedingung für ein funktionierendes Einlagensicherungssystem nennen: das Gleichgewicht von Handeln und Haftung. Nur wenn die europäische Ebene über ausreichende Kontrollrechte verfügt, sollte auch europäisch gehaftet werden. Und hiervon sind wir noch weit entfernt.

Trotz europäischer Bankenaufsicht und -abwicklung hat die nationale Wirtschaftspolitik noch immer sehr großen Einfluss auf die wirtschaftliche Lage der heimischen Banken. Gleiches gilt für die rechtlichen Rahmenbedingungen. So ist beispielsweise das Insolvenzrecht national immer noch sehr unterschiedlich ausgestaltet. Diese national unterschiedlichen Regeln haben natürlich direkte Auswirkungen auf die Risikolage der Banken und die Belastungen, die im Falle einer Insolvenz ihrer Kreditnehmer auf sie zukommen. Damit wirken sie sich auch auf die Wahrscheinlichkeit und die Höhe aus, mit der Banken auf die Einlagensicherung zugreifen. Dies kann also zu unfairen Bedingungen führen und macht ein stärkeres europäisches Handeln in der nationalen Wirtschaftspolitik sowie harmonisierte Rechtsgrundlagen zur Grundvoraussetzung für eine europäische Einlagensicherung.

Der Aufbau einer europäischen Einlagensicherung kann sinnvoll sein. Aber damit sie auch wirklich das Wesentliche erfüllt, das ihr von den Architekten der Bankenunion zugedacht wurde, müssen wir erst die Unebenheiten und Hohlräume in Europas Finanzordnung ausbessern.

Das Wesentliche bei allen Überlegungen sollte sein, dass die Einlagen der Bankkunden optimal geschützt werden. Und wenn wir uns die Vorbedingungen ansehen, dann ist es nicht wirklich unmittelbar einleuchtend, warum das zum jetzigen Zeitpunkt auf europäischer Ebene besser funktionieren sollte als auf nationaler Ebene.

Denn so dramatisch, wie es die Befürworter der europäischen Einlagensicherung zeichnen, ist das Bild auf nationaler Ebene nicht. Durch die europäische Einlagensicherungsrichtlinie, die seit Mitte 2014 gilt, haben wir nämlich bereits heute ein europäisch-harmonisiertes System. Zwar ein System mit nationalen Töpfen, es muss sich aber an europäische Mindeststandards halten. Diese sehen vor, dass alle nationalen Töpfe ein Zielvolumen in Höhe von 0,8 % der gedeckten Einlagen ansparen müssen. Damit kann dann die gesetzliche Verpflichtung, Einlagen je Kunde und pro Kreditinstitut bis zu 100.000 Euro abzusichern, auch finanziell fundiert werden. Dies war ein großer Fortschritt und unsere erste Priorität sollte sein, dieses System zum Laufen zu bringen.

5. Gestaltungsspielraum der dritten Säule nutzen

Langfristig können wir uns, davon bin ich überzeugt, einer Diskussion über eine europäische, gemeinschaftliche Lösung nicht verschließen. Bis wir aber die Eröffnungsfeier des Gesamtgebäudes Bankenunion feiern können, gibt es noch jede Menge zu tun. Und da stellt sich die Frage, ob der vorliegende architektonische Entwurf der Europäischen Kommission auch der bestmögliche ist.

Kommen wir zum Problem von Watson zurück, *das Wesentliche nicht aus den Augen zu verlieren*:

Das Ziel eines Einlagensicherungssystems ist und bleibt die Absicherung der Einlagen und damit die Vermeidung eines Bank-Runs. Dafür werden in den allermeisten Fällen nationale Einlagensicherungen ausreichen. Nur dann, wenn sich eine Systemkrise einstellt, die den gesamten Finanzsektor gefährdet, wird ein nationaler Fonds überfordert sein.

Wie gut ist der Kommissionsvorschlag geeignet, dieses Ziel zu erreichen? Gibt es bessere Alternativen? Ist der EDIS-Vorschlag auch die effizienteste Bauweise einer dritten Säule, um die europäische Last zu tragen?

Dies wird von unterschiedlichen Seiten bezweifelt. So kommen renommierte Ökonomen zu dem Schluss, dass ein europäisches Rückversicherungssystem bei gleicher Wirksamkeit effizienter wäre.[1] Ein Rückversicherungsansatz bringt die nationalen Fonds als erste Verteidigungslinien mit einem europäischen Rückversicherungsfonds als Rückendeckung zusammen. Mit diesem Ansatz könnte man die nationalen Fonds dauerhaft und alleine in der Verantwortung für die rein nationalen Fälle belassen – das werden vermutlich die allermeisten sein. Das eu-

1 Gros, D (2015) Completing the Banking Union: Deposit insurance. CEPS Policy Brief No. 335; D Schoenmaker, G Wolff (2015) Options for European deposit insurance. Comment on VoxEU, 30 October 2015.

ropäische Element wäre dann ein Versicherungsfonds, auf den die nationalen Einlagensicherungen im Ernstfall zurückgreifen könnten. Denkbar wäre auch, völlig auf einen europäischen Fonds zu verzichten und eine gegenseitige Kreditvergabe zwischen den nationalen Systemen vorzusehen. So ähnlich, wenn auch unverbindlich, ist dies bereits in der bestehenden Einlagensicherungsrichtlinie angelegt.

Natürlich dürfte ein solches System frühestens greifen, wenn die Voraussetzungen, die ich insbesondere zum Risikoabbau genannt habe, erfüllt sind. Ob dies der richtige Weg ist, möchte ich daher offen lassen, den Weg aber zumindest als Alternative erwähnen.

Beide Ansätze – der Rückversicherungsfonds sowie die zwischenstaatliche Vereinbarung – würden sicherstellen, dass national lösbare Probleme in nationaler Verantwortung bleiben; Systemkrisen, die Staaten überfordern, würden durch ein System der europäischen Rückendeckung geschultert. Diese beiden – und auch weitere mögliche Varianten – sollten nach meiner Überzeugung genauestens unter die Lupe genommen werden, bevor mit dem „Bau" begonnen wird. Der Fantasie sind hier keine Grenzen gesetzt, solange eine vorschnelle Vergemeinschaftung vermieden wird.

6. Bewährte Sicherungssysteme erhalten

All diese Überlegungen zeigen recht deutlich, dass der Kommissionsvorschlag nicht zwingend der Weisheit letzter Schluss ist, sondern dass wir, wenn wir das europäische Element in der Einlagensicherung stärken wollen, auch über Alternativen nachdenken sollten. Das umso mehr, als die Kommission ihrer Pflicht, Auswirkungen und Alternativen im Vorfeld zu analysieren, meines Erachtens nach nicht nachgekommen ist.

Dabei ist mir eines besonders wichtig: Bewährte nationale Systeme dürfen nicht einfach über Bord geworfen werden. Ein leistungsfähiges Sicherheitsnetz für den Finanzsektor muss nicht zwangsläufig europäisch sein. Leistungsfähig ist ein Sicherheitsnetz, das alle überzeugenden Instrumente ausschöpft, um zu verhindern, dass Kunden vor verriegelten Banktüren stehen.

Die bestehenden Einlagensicherungseinrichtungen in Deutschland und Europa gehen teilweise deutlich über die von der Kommission für EDIS vorgesehene reine Auszahlungsfunktion hinaus. So stärken die institutsbezogenen Sicherungssysteme der Verbünde von Sparkassen und Genossenschaftsbanken das Sicherheitsnetz bei drohender Insolvenz eines Mitglieds – ich meine die Institutssicherung. Auch die freiwillige Einlagensicherung der privaten Banken verringert die Wahrscheinlichkeit, dass die Auszahlungsfunktion der Einlagensicherung in Anspruch genommen werden muss.

Ich möchte klarstellen, dass es bei diesen Vereinbarungen nicht darum geht und auch nicht darum gehen kann, die Erfordernisse der gesetzlichen Einlagensicherung zu umgehen. Die gesetzlichen Einlagensicherungen der deutschen Institute sind natürlich wie alle europäischen Einlagensicherungen verpflichtet, die Auszahlung von gedeckten Einlagen ihrer Kundschaft von bis zu 100.000 Euro zu garantieren und zu diesem Zweck ein festgelegtes Fondsvolumen auch tatsächlich aufzubauen. Durch diese Anforderung ist sichergestellt, dass freiwillige präventive Maßnahmen einen Mehrwert haben. Dieser Mehrwert sollte nicht verloren gehen.

Mit gutem Grund darf man Initiativen der Finanzbranche gegenüber skeptisch sein: Worin besteht das Interesse der Institute, freiwillig mehr zu tun als vom Gesetzgeber vorgeschrieben? Es ist – nicht überraschend – auch der eigene Vorteil: Wer einen gemeinsamen Entschädigungstopf zu verwalten hat, ist bei kriselnden Verbandsmitgliedern an preiswerten Lösungen interessiert. In einem Haftungsverbund entsteht so der Anreiz, frühzeitig genauer hinzuschauen, wie die Gegenüber wirtschaften. Die Bundesbank unterstützt diese freiwilligen Sicherungssysteme, wenn und sofern sie effektiv funktionieren. Ob das gewährleistet ist, hängt entscheidend davon ab, wie konsequent die Kooperation in den Verbänden gelebt wird.

Wie werden Vereinbarungen zur Institutssicherung von den Plänen für ein europäisches Sicherungssystem betroffen? Sie werden rechtlich nicht berührt, aber ökonomisch bedrängt. Denn die gemeinsame Einlagensicherung verlangt, dass alle Institute ohne Ausnahme in den europäischen Versicherungstopf einzahlen. Sind Institute Teil eines Sicherungsverbunds, der den Auszahlungsfall unwahrscheinlicher macht, zahlen sie also in einen Topf ein, den sie womöglich in Zukunft gar nicht beanspruchen. Gerade in Verbünden wird daher befürchtet, dass die europäische Versicherung das Verhältnis zwischen Einzahlung und zu erwartender Gegenleistung unterläuft. Ich kann diese Sorgen nachvollziehen.

Uns sollte daran gelegen sein, nicht hinter den Stand zurückzufallen, den wir bereits erreicht haben. Wir sollten den Mehrwert institutsbezogener Sicherungssysteme und der freiwilligen Einlagensicherung erhalten. Wenn wir auch unter einer europäischen Einlagensicherung solche Anreize zur Selbstüberwachung setzen wollen, besteht die Aufgabe darin, ökonomisch abgewogene Ideen an den Verhandlungstisch zu bringen. Eine Variante könnte sein, bereits bei der Beitragsbemessung für die gemeinsame Einlagensicherung auch das tatsächliche Ausfallrisiko von Teilnehmern eines zusätzlichen Sicherungssystems adäquat zu berücksichtigen. Von Fragen wie dieser hängt also stark ab, wie gut sich die geplante dritte Säule der Bankenunion in bestehende Sicherheitsnetze einfügt.

7. Fazit

Es gibt unterschiedliche Möglichkeiten, europäische Einlagen zu sichern. Bei allen Erwägungen für eine europäische Einlagensicherung gibt es gute Gründe, den Vorschlag der Kommission so jetzt nicht umzusetzen.

Bevor wir zu einer europäischen Einlagensicherung kommen können, müssen die folgenden drei Probleme unbedingt und uneingeschränkt gelöst sein:

- *Erstens* müssen in allen EU-Ländern die bereits vereinbarten Maßnahmen zur Sanierung und Abwicklung von Kreditinstituten umgesetzt werden, bevor über eine mögliche dritte Säule der Bankenunion gesprochen wird. Und der Bail-in als Kernelement des neuen Abwicklungsregimes muss rechtlich und tatsächlich durchführbar sein.
- *Zweitens* müssen Staatsrisiken in Bankbilanzen nachhaltig abgebaut sein und die regulatorische Privilegierung von Staatsanleihen muss abgeschafft sein.
- Und *drittens* brauchen wir in Europa weitere Integrationsfortschritte im Bereich der Wirtschaftspolitik einschließlich des allgemeinen Insolvenzrechts.

Außerdem sollten wir keine schwerwiegenden Entscheidungen über die Bauweise treffen, ohne realistische, vielleicht sogar bessere Alternativen genauestens geprüft zu haben. Und schließlich müssen wir die tragfähigste Bauart wählen, um die Belastbarkeit der Einlagensicherung im Fall von Systemkrisen sicherzustellen.

Bei einer solchen soliden Bauweise sollten auch bewährte nationale Systeme eine Rolle spielen. Dafür treten wir als Bundesbank ein.

Sabine Lautenschläger
Stellvertretende Vorsitzende des
Aufsichtsgremiums des Einheitlichen
Aufsichtsmechanismus
Europäische Zentralbank

Sabine Lautenschläger

Europäische Bankenaufsicht – viel erreicht, noch viel zu tun?

Im Jahr 1863 wurde in einem Londoner Pub, der Freemason's Tavern, heftig diskutiert. Es ging darum, ein Regelwerk zu beschließen, das zunächst für England und gut 20 Jahre später für die ganze Welt sehr wichtig werden sollte.

Die Regeln, auf die ich hier anspiele, gelten für die schönste Nebensache der Welt – und damit meine ich ausnahmsweise nicht das Bankgeschäft. Ich spreche vom Fußball. Fußball wird auf der ganzen Welt nach denselben Regeln gespielt. Egal, ob in Südamerika oder Europa, egal, ob Weltmeisterschaft oder Kreisklasse, die Regeln sind weltweit harmonisiert.

Übrigens waren es zunächst die Spieler selbst, die darauf geachtet haben, dass die Regeln auch eingehalten werden. Der Schiedsrichter, wie wir ihn heute kennen, wurde erst Ende des 19. Jahrhunderts eingeführt – es hatte sich herausgestellt, dass die Selbstkontrolle der Spieler nicht besonders gut funktioniert hat.

Das Bankgeschäft ist vielleicht nicht die schönste Nebensache der Welt, aber in einigen Dingen ist es dem Fußball nicht unähnlich. Auch Banken stehen in einem Wettbewerb und müssen sich an bestimmte Regeln halten. Und auch diese Regeln sind mittlerweile weitgehend harmonisiert. Dafür sorgt auf globaler Ebene das Baseler Rahmenwerk, auf europäischer Ebene das Single Rulebook.

Und natürlich muss es auch im Bankensektor jemanden geben, der dafür sorgt, dass sich alle an die Regeln halten. Banken brauchen einen Aufseher ebenso wie Fußballer einen Schiedsrichter; denn auch hier funktioniert die Selbstkontrolle nicht optimal. Im Euro-Raum haben wir seit gut anderthalb Jahren eine einheitliche Bankenaufsicht, auch hier wurde also harmonisiert.

Ziel dieser Harmonisierung ist es, Banken im gesamten Euro-Raum nach einheitlich hohen Standards zu regulieren und zu beaufsichtigen. Regulierungs- und Aufsichtsarbitrage werden verhindert. Das wiederum ist eine wesentliche Grundlage für einen stabilen Bankensektor, der Wachstum und Wohlstand in der Währungsunion fördert.

1. Schon viel erreicht ...

Vor diesem Hintergrund wurde vor gut anderthalb Jahren die europäische Bankenaufsicht gegründet. Seit November 2014 beaufsichtigt die EZB die mittlerweile 129 größten Bankengruppen im Euro-Raum. Das bedeutet jedoch nicht, dass es nur noch einen einzigen Schiedsrichter gibt.

Denn die europäische Bankenaufsicht besteht nicht nur aus der EZB, sondern auch aus insgesamt 26 nationalen Zentralbanken und Aufsichtsbehörden. Und die nationalen Aufseher spielen in der täglichen Aufsicht eine wesentliche Rolle. So stellen sie in den Aufsichtsteams für die großen Banken die Mehrzahl der Mitglieder. Dann werden Entscheidungen vom Supervisory Board und dem EZB-Rat getroffen, in denen ebenfalls die nationalen Aufseher vertreten sind.

Europäische Bankenaufsicht bedeutet also Kooperation. Ein stabiles europäisches Bankensystem ist eine Gemeinschaftsaufgabe. Es geht darum, Banken mit einer europäischen Brille zu betrachten; es geht darum, mit vereinter Erfahrung und vereintem Wissen Risiken früher zu erkennen und ihnen rascher zu begegnen. Es geht darum, Regulierungs- und Aufsichtsarbitrage zu verhindern, und es geht darum, gleiches Geschäft mit gleichen Risiken im gesamten Euro-Raum gleich zu beaufsichtigen. Mit Blick auf all diese Ziele haben wir schon einiges erreicht.

Wir haben z. B. große Teile des Aufsichtszyklus harmonisiert. Gemeinsam mit den nationalen Aufsehern identifizieren wir die wichtigsten Risiken für den Bankensektor. Darauf aufbauend legen wir unsere Aufsichtsschwerpunkte fest und übertragen sie in das Aufsichtsprogramm für jede einzelne Bank – nach einem einheitlichen Ansatz – vorausschauend, risikoorientiert und verhältnismäßig.

Vor allem aber haben wir den jährlichen SREP vereinheitlicht, den aufsichtlichen Überprüfungs- und Evaluierungsprozess, das Kernstück jeder Bankenaufsicht. Im SREP analysieren wir für jedes einzelne Institut das Geschäftsmodell, die Governance, die Risiken für Eigenkapital und Liquidität und das dazugehörige Risikomanagement. Auf dieser Grundlage legen wir dann für jedes einzelne Institut den Eigenkapital- und Liquiditätsbedarf fest. Unser Vorteil ist dabei aber nicht nur, dass wir nun Banken im gesamten Euro-Raum nach einheitlichen Kriterien beurteilen können. Zusätzlich sind wir in der Lage, Banken mit ähnlichen Geschäftsmodellen miteinander zu vergleichen und daraus Schlüsse nicht für einzelne Banken, sondern für ganze Bankensysteme zu ziehen.

Ein weiteres Beispiel für Harmonisierung betrifft die sogenannten Optionen und Wahlrechte. Der europäische Regulierungsrahmen enthält eine Reihe von Bestimmungen, über deren konkrete Umsetzung der jeweilige Aufseher entscheiden kann. Gemeinsam mit den nationalen Aufsichtsbehörden haben wir uns darauf geeinigt, diese Optionen und Wahlrechte im gesamten Euro- Raum einheitlich auszuüben.

2. ... aber noch viel zu tun

In den vergangenen anderthalb Jahren haben wir also schon einiges erreicht. Es bleibt aber noch immer viel zu tun.

Eine unserer Aufgaben ist es, den SREP weiterzuentwickeln. Wir arbeiten daran, unsere Analyse von Liquiditätsrisiken, Risikomanagement sowie angemessener Liquiditätsausstattung zu verbessern. Wir werden unsere Vorstellung davon vereinheitlichen, wie Banken institutsintern die Angemessenheit ihrer Kapitalausstattung überprüfen. ICAAP ist hier das Stichwort.

Doch es gilt in diesem Jahr noch über andere Komponenten des SREP-Konzepts zu entscheiden. So stellt sich die Frage, ob wir uns als Aufseher bei der Kapitalsituation einer Bank allein auf das Instrument des formellen und verbindlichen aufsichtlichen Kapitalzuschlages beschränken sollten.

Oder könnte es Sinn machen, die Erwartung der Aufsicht an das Kapitalniveau einer Bank in Form von Anforderungen einerseits und Empfehlungen andererseits zu äußern?

Dabei könnte die Anforderung den formellen, verbindlichen Teil der aufsichtlichen Kapitalerwartungen darstellen. Das Instrument der Anforderung könnte die Aufsicht nutzen, wenn unmittelbare Risiken nicht oder nicht ausreichend abgedeckt sind oder schwerwiegende Mängel im bankinternen Risikomanagement vorliegen. Diese Kapitalanforderungen würden dann als die Stellgröße für die Dividendenausschüttung dienen, also für die Berechnung des maximal ausschüttungsfähigen Betrags.

Im Gegensatz dazu könnte die Aufsicht das Instrument einer Empfehlung vor allem dann nutzen, wenn es darum geht, Erkenntnisse aus hypothetischen Szenarien zu verarbeiten.

Dazu müssten wir unter anderem diejenigen Bestandteile in die Berechnung der aufsichtlichen Kapitalempfehlung überführen, die wir im letzten Jahr bei dem vorausschauenden Element des SREP im verbindlichen Kapitalzuschlag berücksichtigt hatten. Mit dieser Anpassung des SREP-Konzepts würde sich das Kapitalniveau in der Gesamtheit nicht verändern; es wäre nur anders auf Anforderung und Empfehlung verteilt.

Würde eine Bank die verbindlichen Kapitalanforderungen einhalten, die Empfehlung aber nicht, dann sollte dies nicht automatisch zu einer formellen aufsichtlichen Maßnahme führen.

Aber nun genug zu potenziellen Konzeptänderungen. Wie gesagt, die Arbeit ist noch nicht abgeschlossen.

Sprechen wir über die kleinen und mittelgroßen Institute: Für sie spielen beispielsweise die Systeme der Institutssicherung eine wichtige Rolle. In Deutschland gehören vier von fünf Instituten einem solchen Sicherungssystem an, gemessen an der Bilanzsumme sind das etwa 40 % des deutschen Bankensystems.

Nach europäischem Recht erhalten Banken Privilegien, wenn sie einem Sicherungssystem angehören. So müssen z. B. Institute ihre Forderungen gegenüber anderen Mitgliedern des Sicherungssystems nicht notwendigerweise mit Eigenkapital unterlegen. Ob ein solches Privileg gewährt wird, entscheidet der zuständige Aufseher: bei kleinen und mittelgroßen Instituten der nationale Aufseher, bei großen Banken die EZB.

Es spricht einiges dafür, auch hier die Aufsichtserwartungen zu harmonisieren und die Privilegien nach einheitlichen Kriterien zu gewähren; sowohl länderübergreifend als auch institutsübergreifend. Um eines aber klar zu machen: Es ist nicht das Ziel, die Sicherungssysteme im Allgemeinen infrage zu stellen. Ziel ist es, die aufsichtsrechtliche Behandlung der Systeme zu harmonisieren.

Letztlich aber kann die europäische Bankenaufsicht das Prinzip der Gleichbehandlung immer nur so weit praktizieren, wie die nationale Bankenregulierung dies zulässt. Und mit Blick auf die Bankenregulierung gibt es zwischen den Ländern des Euro-Raums noch einige, teils große Unterschiede.

Bleiben wir kurz beim Fußball: Für den Schiedsrichter wäre es eine schwierige Situation, wenn er ein Spiel überwachen müsste, in dem jeder Spieler nach anderen Regeln spielt, und bei dem es über das Spielfeld hinweg willkürlich verteilte Bereiche gäbe, in denen jeweils andere Regeln gelten.

Aber genau mit einer solchen Situation hat der SSM derzeit zu kämpfen. Eine Quelle regulatorischer Unterschiede ist die CRD IV, die als europäische Richtlinie von den einzelnen Ländern in nationales Recht umgesetzt werden muss. Und sie wurde und wird nicht so einheitlich umgesetzt, wie es für eine einheitliche Aufsicht sinnvoll wäre.

Lassen Sie mich nur ein Beispiel nennen, um Ihnen eine Idee dieser oft schwer nachvollziehbaren Unterschiede zu geben. So prüft die Aufsicht, ob Kandidaten für die Leitungsgremien von Banken fachlich geeignet und zuverlässig sind. Die entsprechenden Regeln sind national allerdings höchst unterschiedlich umgesetzt. In einigen Ländern werden z. B. nicht nur die Kandidaten für Leitungsgremien geprüft, sondern auch für Schlüsselfunktionen auf darunterliegenden Ebenen. Einige Länder nutzen für die Prüfung Fragebögen und nutzen eine Fülle von detailliert festgelegten Prüfungskriterien, andere tun das nicht. Einige Länder führen persönliche Gespräche mit den Kandidaten, teils auch unterstützt von Psychologen, andere tun das nicht. In einigen Ländern darf der Kandidat seine neue Position nicht einnehmen, bevor die Aufsicht positiv entschieden hat, in anderen Ländern darf er seine neue Position einnehmen, selbst wenn die für die Prüfung notwendigen Unterlagen noch nicht vorliegen.

Diese Unterschiede erschweren die Arbeit der europäischen Bankenaufsicht erheblich und sie sind ein Hindernis auf dem Weg hin zu einem einheitlichen Finanzmarkt. Es fragt sich, mit welcher Berechtigung der Vorstand einer weltweit tätigen Bank des einen Landes andere Fähigkeiten, Kenntnisse und Erfahrungen vorweisen soll als der Bankenvorstand in einem anderen Land. Es ist also notwendig, die entsprechenden Regeln weiter zu harmonisieren.

Eine weitere Quelle für regulatorische Fragmentierung sind nationale Regeln, die in der CRD IV gar nicht ausdrücklich erwähnt werden, dazu gehören z. B. Vorschriften, die den Erwerb von Beteiligungen regeln. In einigen Ländern ist vorgeschrieben, dass die Aufsicht größeren Transaktionen vorab zustimmt, während dies in anderen Ländern nicht der Fall ist. Auch hier wäre es angebracht, die Regulierung weiter zu harmonisieren.

Wir können also festhalten: Die europäische Bankenaufsicht hat in den vergangenen anderthalb Jahren dazu beigetragen, das aufsichtliche Rahmenwerk weiter zu harmonisieren. Viel wurde erreicht, es bleibt aber immer noch einiges zu tun.

3. Grenzen der Harmonisierung

Die Harmonisierung ist kein Selbstzweck, sondern wichtig für einen stabilen Finanzmarkt und ein dauerhaftes Wirtschaftswachstum. Aber wie weit muss Harmonisierung gehen?

Schauen wir noch einmal auf den Fußball. Ja, das Regelwerk ist weitgehend harmonisiert – was aber nicht bedeutet, dass der Schiedsrichter jedes Fehlverhalten gleich bestraft. Im Strafraum wird ein schweres Foul mit einem Elfmeter bestraft, außerhalb des Strafraums mit einem Freistoß. Der Grund: Ein Foul im Strafraum, also in der Nähe des Tors, hat größere Auswirkungen auf das Spiel als ein Foul im Mittelfeld. Gleichzeitig ist die Aufsicht im Profifußball und bei großen Turnieren strenger. Denken Sie an den vierten Offiziellen oder die Torlinientechnik.

Im Fußball folgen Regulierung und Aufsicht also dem Grundsatz der Verhältnismäßigkeit. Und im Bankensektor ist eine solche Verhältnismäßigkeit von Regulierung und Aufsicht möglicherweise sogar noch relevanter als im Fußball.

So sollen die Regeln im Fußball vor allem ein geordnetes und faires Spiel ermöglichen; im Bankensektor geht es auch und vor allem um Stabilität – um die Stabilität der einzelnen Bank, des gesamten Bankensystems und letztlich der ganzen Volkswirtschaft.

Und hier spielt es eine Rolle, dass sehr viele, sehr unterschiedliche Spieler auf dem Platz sind: große Banken, kleine Banken, regional ausgerichtete Institute und grenzüberschreitend tätige; Banken mit risikoreichem Geschäftsmodell und solche mit risikoarmem. All diese Banken sind unterschiedlich relevant für die Stabilität des Systems. Entsprechend ist der Nutzen einer strengen Regulierung und Aufsicht sehr unterschiedlich.

Ebenso unterschiedlich sind die Kosten, die einzelnen Banken durch Regulierung und Aufsicht entstehen, und dabei geht es vor allem um die operativen Kosten. Für kleinere Banken sind diese Kosten relativ gesehen höher. Sie können im Gegensatz zu größeren Banken keine Skaleneffekte nutzen. Gleichzeitig können unverhältnismäßig hohe Regulierungs- und Aufsichtskosten eine Barriere darstellen, die neuen Wettbewerbern den Eintritt in den Markt verwehrt.

Es spricht also einiges dafür, Banken nach dem Grundsatz der Verhältnismäßigkeit zu regulieren und zu beaufsichtigen. Hier stößt die Harmonisierung an eine ebenso sinnvolle wie notwendige Grenze.

In der öffentlichen Debatte wird Verhältnismäßigkeit oft an der Größe der Institute festgemacht. Das erleichtert die Debatte, kann aber auch auf einen falschen Weg führen. Das entscheidende Kriterium sollte die Systemrelevanz der jeweiligen Bank sein. Und spätestens seit der US-amerikanischen Savings-and-Loans-Krise der 1980er-Jahre wissen wir, dass auch kleine Banken systemrelevant sein können: „too many to fail" ist ebenso ein Problem wie „too big to fail".

Entsprechend weit gefasst ist die Rechtsgrundlage der europäischen Bankenaufsicht beim Thema Verhältnismäßigkeit. Dort heißt es: „Bei der Wahrnehmung ihrer Aufgaben berücksichtigt die EZB unbeschadet des Ziels, die Sicherheit und Solidität von Kreditinstituten zu gewährleisten, in vollem Umfang die verschiedenen Arten, Geschäftsmodelle und die Größe der Kreditinstitute."

Und die europäische Bankenaufsicht offenbart schon auf den ersten Blick Proportionalität: Während die 129 größten Banken des Euro-Raums direkt von der EZB beaufsichtigt werden, werden die rund 3.200 kleineren Institute von den nationalen Aufsehern beaufsichtigt.

Nur in besonderen Fällen und unter bestimmten Voraussetzungen übernimmt die EZB die direkte Aufsicht über kleinere Institute. Und hier kann man durchaus die Frage stellen, ob das überhaupt sinnvoll ist.

Im Normalfall spielt die EZB in der Aufsicht über kleinere Institute nur eine Nebenrolle. Ihre Aufgabe ist es, die nationalen Aufseher im Hintergrund zu unterstützen. So entwickeln wir zusammen mit den nationalen Aufsehern qualitativ hochwertige Standards, die regionale Aspekte, Größe, Geschäft und Risiko der einzelnen Institute berücksichtigen und entsprechend anpassungsfähig sind.

Diese Art der Harmonisierung zielt nicht auf Gleichmacherei. Es geht nicht darum, nationale Aufsichtsansätze durch einen europäischen zu ersetzen. Wir sorgen vielmehr dafür, dass die Kernelemente der Aufsicht bestimmten Mindeststandards entsprechen. Damit können nationale Besonderheiten berücksichtigt werden, allerdings nur dann, wenn diese Besonderheiten unter Risikogesichtspunkten gerechtfertigt sind.

Der Grundsatz der Verhältnismäßigkeit leitet uns auch in Bereichen, die über allgemeine Aufsichtsstandards hinausgehen. Und hier möchte ich die Chance nutzen, mit einem weitverbreiteten Missverständnis aufzuräumen. Immer wieder werde ich darauf angesprochen, die EZB würde den kleinen und mittelgroßen Instituten wer weiß wie viele Berichtspflichten aufbürden. Lassen Sie mich nur zwei Beispiele nennen, die zeigen, dass wir im Meldewesen durchaus nach dem Grundsatz der Verhältnismäßigkeit arbeiten.

Gemäß europäischer Regulierung können die Aufseher von den Banken verlangen, für das aufsichtliche Meldewesen den internationalen Bilanzierungsstandard IFRS zu verwenden. Wir haben uns entschieden, dieses Wahlrecht nicht auszuüben. Es hätte eine unverhältnismäßige Belastung für diejenigen Banken bedeutet, die nach nationalen Standards bilanzieren. Banken können also für das aufsichtliche Meldewesen weiterhin nationale Standards nutzen.

Das Meldewesen orientiert sich aber auch ganz explizit an der Größe der Institute. Im Vorgriff auf künftige Berichtspflichten haben wir die nationalen Aufseher im vergangenen Jahr gebeten, uns erstmals für alle kleineren Banken aufsichtliche Daten zu liefern. Dabei wurden 37 einzelne Informationen abgefragt, darunter die Bilanzsumme, die Höhe der Kundeneinlagen oder der Bestand des Handelsbuches – keine komplizierten Dinge also. Bei den direkt von der EZB beaufsichtigten Banken werden dagegen mehr als 8.000 Informationen abgefragt und diese müssen nicht jährlich, sondern vierteljährlich zur Verfügung gestellt werden.

Und um noch ein letztes Beispiel zu nennen: Auch die Aufsichtsgebühren folgen dem Grundsatz der Verhältnismäßigkeit. Sie orientieren sich zu Recht an der Signifikanz, der Größe und dem Risikogehalt des jeweiligen Instituts.

So entfallen von den diesjährigen Gebühren gut 88 % auf die 129 direkt von der EZB beaufsichtigten Institute, die 3.200 kleineren Banken tragen nur gut 12 %.

4. Schlussgedanken

Die Bankenregulierung und Bankenaufsicht in Europa zu harmonisieren, trägt entscheidend dazu bei, die Stabilität des Bankensektors zu gewährleisten und eine Grundlage für Wachstum und Wohlstand im Euro-Raum zu schaffen. Mit Blick auf die Bankenaufsicht haben wir in den vergangenen anderthalb Jahren schon viel erreicht, es bleibt aber noch viel zu tun.

Angesichts der zunehmenden Harmonisierung von Regulierung und Aufsicht ist auch deren Verhältnismäßigkeit immer wieder ein Thema, nicht zuletzt, weil auch die Komplexität der Regulierung zugenommen hat. Immer wieder wird darauf verwiesen, dass vor allem kleinere Banken unverhältnismäßig belastet werden; und immer wieder wird gefordert, diese Belastungen zu reduzieren.

Diese Diskussion ist wichtig, aber sie muss differenziert geführt werden. *Erstens* folgen Regulierung und Aufsicht schon heute dem Grundsatz der Verhältnismäßigkeit; einige Beispiele habe ich genannt. *Zweitens* ist die Komplexität von Regulierung und Aufsicht nicht zuletzt Folge der zunehmenden Komplexität des Bankgeschäftes. Und *drittens* darf der Grundsatz der Verhältnismäßigkeit nicht als Vorwand missbraucht werden, um ganz allgemein Regulierung und Aufsicht zu schwächen. Grundlage der Diskussion muss immer das Kosten-Nutzen-Verhältnis von Regulierung und Aufsicht sein; Verhältnismäßigkeit darf nicht auf Kosten der Stabilität gehen.

Wie am Beginn meines Beitrags erwähnt, wurde auch in der „Freemason's Tavern" heftig über ein wichtiges Regelwerk diskutiert. Was 1863 in London begann, wird ab dem 10. Juni wieder eine große Rolle spielen; dann beginnt die Fußball-Europameisterschaft 2016 in Frankreich.

Kapitel 2

Aktuelle Fragen der internationalen Bankenregulierung

Erich Loeper
Zentralbereichsleiter
Banken und Finanzaufsicht
Deutsche Bundesbank

Erich Loeper

Die Fertigstellung von Basel III

1. Einleitung

Nachdem die Staats- und Regierungschefs der G-20-Staaten sich 2008 in Washington darauf verständigt hatten, die internationale Bankenregulierung deutlich zu verschärfen, ist es nun an der Zeit, dieses Reformpaket abzuschließen. Dies ist wichtig, um die Implementierung der neuen Regeln vorantreiben zu können und den Banken einen verlässlichen Rahmen für ihre Planungen zu geben.

Die Bundesbank hat sich daher auch sehr entschieden dafür eingesetzt, das Regelwerk Basel III oder das „post-crisis-package" wie es auch genannt wird, zügig, das heißt noch im Jahre 2016 fertigzustellen. Diese Entscheidung ist dann auch im Januar dieses Jahres von den Zentralbankgouverneuren und Aufsehern im GHOS, dem Lenkungsgremium des Baseler Ausschusses für Bankenaufsicht, so getroffen worden.

Dieser Beitrag widmet sich der Fertigstellung von Basel III. Zunächst werden die ausstehenden Arbeiten innerhalb des gesamten Baseler Reformpakets verortet (Abschnitt 2). Danach werden die aktuellen Arbeiten zum Zinsänderungsrisiko im Anlagebuch (Abschnitt 3), zur Berechnung der RWAs im Kredit- und operationellen Risiko (Abschnitt 4 und 5) und zur Gesamtkalibrierung des neuen Akkords (Abschnitt 6) im Überblick dargestellt. Abschließend werden die aktuellen Ergebnisse des Basel-III-Monitorings erläutert (Abschnitt 7). Die aktuellen regulatorischen Arbeiten zum Marktrisiko werden von diesem Beitrag ausgenommen, da sie in einem späteren Beitrag (Torsten Kelp, Kapitel 4) ausführlich behandelt werden.

2. Einordnung der ausstehenden Arbeiten zu Basel III

In einem ersten Reformpaket, das im Dezember 2010 zum Abschluss gebracht wurde, haben wir uns im Wesentlichen um das Eigenkapital, die Kapitalpuffer, die völlig neuen Liquiditätskennziffern und die Leverage-Ratio gekümmert.

Die Berechnung der Eigenmittel wurde drastisch verschärft, insbesondere dadurch, dass die Abzugspositionen wesentlich strenger definiert wurden. Hierunter fallen Vermögenspositionen, die sich gewöhnlich im Falle einer Insolvenz als wenig werthaltige erweisen, wie etwa Steuerguthaben und der Goodwill aus aktivierten Firmenwerten. Zu Beginn unserer Auswirkungsstudien im Juni 2011 hatte sich bei den deutschen Banken die Ausstattung mit hartem Kernkapital aufgrund dieser Verschärfung um 40 % reduziert. Mit Basel III erhöht sich dagegen die geforderte Mindestquote von 2 auf 4,5 %. Hinzu kommt noch der Kapitalerhaltungspuffer in Höhe von 2,5 %.

Aufgrund der Größe dieser Herausforderungen für die Banken wurde eine stufenweise Einführung der neuen Mindestanforderungen bis 2019 vorgesehen; einige der Übergangsregelungen der CRR zu Kapitalanforderungen gelten bis 2023. Mit den Zahlen von Ende 2015 lässt sich aber vermelden, dass die deutschen Häuser bereits heute die Anforderungen auch unter der Annahme der Vollimplementierung erfüllen. Zu Beginn unserer Auswirkungsstudien 2011 bestand allein bei den neun großen Gruppe 1-Banken noch eine Lücke von knapp 50 Milliarden Euro an hartem Kernkapital.

Um den Nenner der Eigenkapitalquote, die risikogewichteten Aktiva, hatten wir uns bis dahin nur oberflächlich gekümmert. Dabei war die Berechnung der RWAs schon seit der Einführung von Basel II von einigen Aufsehern und Analysten stark kritisiert worden. Als Grund wurde die angeblich hohe Variabilität der Rechenergebnisse verschiedener Banken mit vergleichbaren Portfolien angeführt. Sowohl unter Marktteilnehmern als auch unter Aufsehern nährten diese Schwankungsbreiten Zweifel an der Zuverlässigkeit bankinterner Modelle. Immer schwang der Verdacht mit, die Kreditinstitute nutzten ihre Methodenfreiheit, um die Eigenmittelanforderungen kleinzurechnen.

Im Rahmen meiner Einleitungsreferate in den letzten Jahren habe ich unter Bezugnahme auf einschlägige Untersuchungen deutlich gemacht, dass ich diese Befürchtungen in Bezug auf interne Modelle nur eingeschränkt teile. Auf der Agenda des Baseler Ausschusses bleibt dieses Thema aber erhalten. Die Zielsetzungen des Restprogramms für 2016 lassen sich daher wie folgt beschreiben:

1. Verringerung der Variabilität der Risikoaktiva

2. Eindämmung der Modelle-Risiken

3. Erschwerung des „Kleinrechnens“ der Eigenmittelanforderungen
4. Vereinfachung des Regelwerks, indem man ein Vernünftiges Gleichgewicht zwischen Risikosensitivität und Komplexität der Regulierung findet.

Abbildung 1: *Die Entwicklung von Basel III*

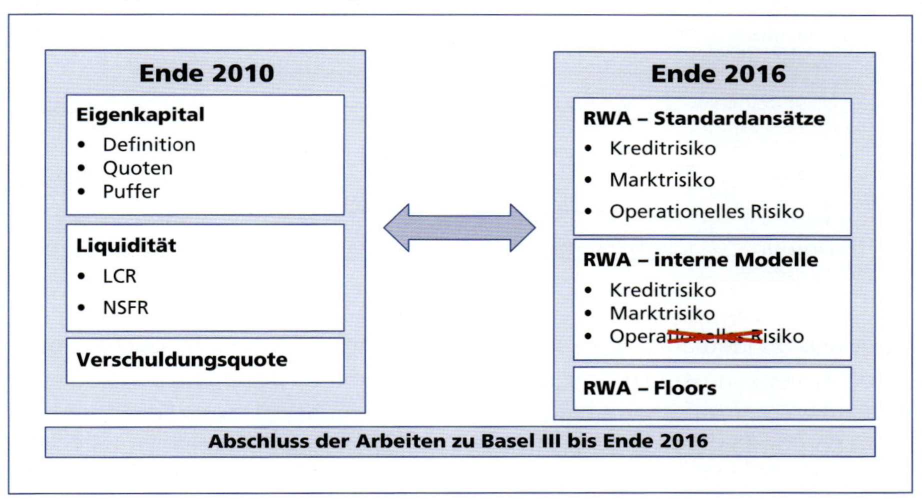

Die rechte Seite in *Abbildung 1* veranschaulicht die konkreten Schritte, die der Baseler Ausschuss hierzu ergreift. Es werden alle Standardansätze gründlich überarbeitet. Darüber hinaus wird die Methodenfreiheit bei der Verwendung interner Modelle begrenzt. Am deutlichsten wird dies beim operationellen Risiko, wo Modelle-Ansätze schlichtweg gestrichen werden. Schließlich wird noch über Untergrenzen für die RWAs, die sogenannten Output-Floors, nachgedacht.

Der Zeitplan (siehe *Abbildung 2*) zeigt, wann die entsprechenden Konsultationspapiere herauskommen und wann der finale Standard erstellt sein soll. Bislang ist nur das Marktrisikopapier vollständig fertiggestellt. Das gesamte Jahr 2016 über wird an einer umfangreichen Auswirkungsstudie gearbeitet.

Abbildung 2: *Zeitplan zur Fertigstellung von Basel III*

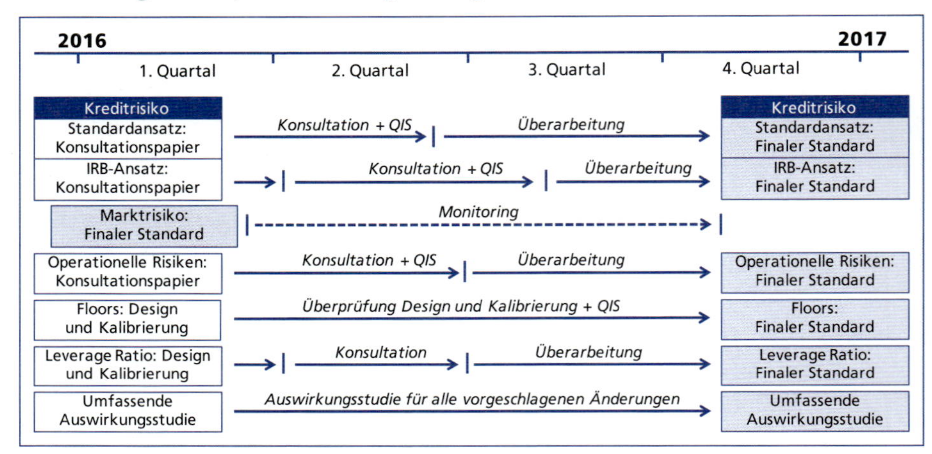

BaFin und Bundesbank haben sich immer mit Nachdruck für eine solche umfassende Auswirkungsstudie eingesetzt. Die Teilnahme an diesen Impact-Studies ist für Banken und Aufseher arbeitsaufwendig und mühevoll, zumal die anstehende Aktion umfangreicher ist als frühere. An dieser Stelle möchte ich mich sehr herzlich bei den 93 deutschen Kreditinstituten bedanken, die uns hier durch ihre Teilnahme tatkräftig unterstützen. Die entscheidenden Ausschusssitzungen werden Ende 2016 und Anfang 2017 stattfinden. Ohne belastbares Zahlenmaterial ist es wenig aussichtsreich, legitime Interessen des deutschen Bankensystems in den Schlussverhandlungen durchzusetzen.

3. Zinsänderungsrisiko im Anlagebuch

Basel III war auch angetreten, um das Zinsänderungsrisiko im Anlagebuch im Rahmen der Säule 1 mit Eigenkapital unterlegen zu lassen. Hierzu gab es aber letztlich keine Mehrheit im Baseler Ausschuss; es bleibt vielmehr bei einer Pillar-2-Lösung. Viele unter Ihnen werden meine Ansicht nicht teilen, aber ich bedauere dies.

Die neuen Regeln werden in die bereits vorhandenen „Empfehlungen für das Management und die Beaufsichtigung des Zinsänderungsrisikos" aus dem Jahre 2004 eingebaut (siehe *Abbildung 3*). Danach ist nun vorgesehen, dass jede Bank bestimmte Zinsszenarien durchrechnet und ab 2018 auch die Auswirkungen auf das harte Kernkapital und das Zinsergebnis veröffentlicht. Institute, die unter den Stressszenarien 15 % ihres Aktienkapitals verlieren, gelten als Outlier. In diesem Fall wird von der Aufsichtsbehörde erwartet, dass sie Maßnahmen ergreift. Diese können z. B. darin bestehen, dass das Zins-Exposure gesenkt, das Risk-Management verbessert oder in der Säule 2 Kapitalzuschläge erhoben werden.

Abbildung 3: *Neue Säule-2-Prinzipien für Zinsänderungsrisiko im Anlagebuch*

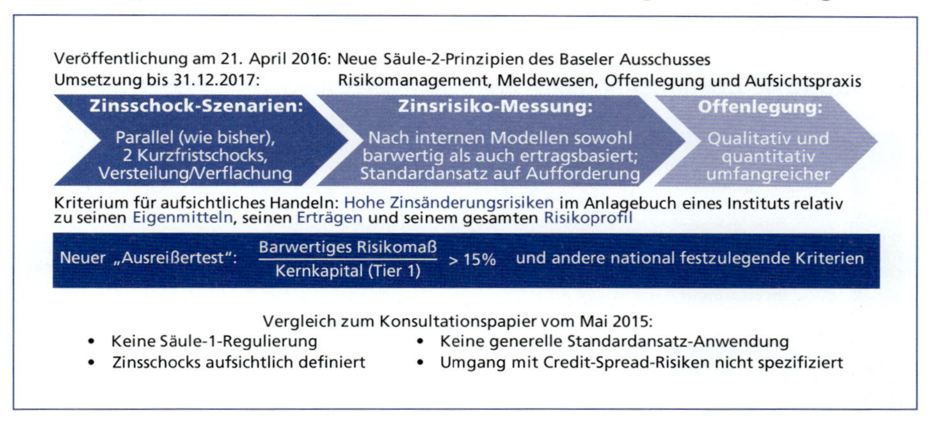

Ab 2018 müssen allerdings alle Banken die Grundlagen und die Ergebnisse dieser Berechnungen offenlegen. Dazu können sie ihre eigenen Verfahren nutzen. Die Veröffentlichung der Ergebnisse nach einem von allen Instituten parallel zu rechnenden Standardansatz ist nicht mehr vorgesehen. Dies schränkt natürlich die Vergleichbarkeit der Ergebnisse zwischen den Instituten ein.

4. Kreditrisiko

4.1 Standardansatz

Noch im ersten Konsultationspapier wurde der Versuch gestartet, den Standardansatz risikoempfindlicher zu machen. Hierzu sollten zusätzliche Risikotreiber zur Ermittlung der Risikogewichte beitragen. Bei den Banken waren es die NPL-Quote und die Eigenkapitalausstattung, bei Unternehmen der Umsatz und die Verschuldungsquote sowie bei den Immobilienkrediten der Beleihungsauslauf und die Schuldendienstquote. Als Ergebnis der ersten Konsultation hat der Baseler Ausschuss den Einbau zusätzlicher Risikotreiber aufgegeben. Grund hierfür war, dass man sich im Komitee nicht sicher genug war, ob diese Variablen die Risikosensitivität in einem Maße erhöhten, der den Aufwand bei den Banken rechtfertigt.

Geblieben ist eine gegenüber heute stark überarbeitete Portfoliostruktur, die in *Abbildung 4* dargestellt ist.

Ich möchte auf die bedeutsamsten Veränderungen kurz eingehen.

Abbildung 4: *Überarbeitung des Standardansatzes*

Anlagebuch		
	Banken	• externes Rating (ECRA) • bankeigene Bonitätseinstufung (SCRA)
	Unternehmen	• externes Rating • bonitätsunabhängiges Risikogewicht (Standard: 100%, KMUs: 85%) • Spezialfinanzierungen (100%–150%)
	Beteiligungen	• Beteiligungen (250%) • nachrangige Forderungen (150%)
	Mengengeschäft	• aufsichtliches Mengengeschäft (75%) • anderes Mengengeschäft (100%)
	Immobilien	• Wohnimmobilien/Gewerbeimmobilien – Rückzahlung abhängig von Zahlungsströmen aus der Immobilie (70%–150%) – Finanzierung der Erschließungs- und Bauphase von Immobilien (150%)
	außerbilanzielle Geschäfte	• Konversionsfaktoren für Kreditzusagen – Mengengeschäft (jederzeit kündbar): 10%–20% – alle anderen Kreditzusagen: 50%–70%

Zunächst einmal wird einem Anliegen von BaFin und Bundesbank entsprochen. Externe Ratings werden dort wieder zugelassen, wo sie sich bewährt haben: im Unternehmens- und Bankenbereich. Für nicht geratete Banken wird ein einfaches Standardverfahren eingeführt, das Banken nach ihrer Kapitalausstattung in drei Bonitätsklassen einteilt. Zwar ist es nicht sehr schwer, in die oberste Bonitätsstufe zu gelangen – hierzu reicht die Erfüllung der Mindestanforderungen der Aufsicht an Kapital- und Liquidität –, aber in der besten Bonitätsklasse ist im aktuellen Konsultationspapier ein Risikogewicht von 50 % anstatt heute von 20 % vorgesehen.

Begünstigend für Mittelstandsunternehmen, die nicht ins Mengengeschäft fallen, wird ein geringerer Anrechnungssatz von 85 % eingeführt. Im Vergleich zur

CRR mit 76 % fällt diese Ermäßigung niedriger aus, unterliegt allerdings in Basel nicht der Begrenzung auf eine Forderungshöhe von 1,5 Millionen Euro. Was Unternehmenskredite tendenziell teurer machen wird, ist die neue Klasse der Spezialfinanzierung. Das betrifft die Kreditvergabe für Objektkredite (Flugzeuge) und die Finanzierung von bestimmten Projekten (Straßen, Flughäfen usw.). Hier könnten die Risikogewichte von 100 % auf 120 % oder 150 % ansteigen.

Bislang wurden Beteiligungen und nachrangige Forderungen mit einem ganz normalen Anrechnungssatz für Unternehmenskredite von 100 % angerechnet. Bei Aktien steigen die Sätze auf 250 % und bei nachrangigen Forderungen auf 150 % an.

Im Retail-Geschäft (Mengengeschäft) bleibt alles wie bisher. Für Kredite unter 1 Million Euro in granularen Portfolien bleibt es beim Anrechnungssatz von 75 %.

Bei den Immobilienkrediten wird nun durchgängig eine Gewichtung in Abhängigkeit von der Loan-to-Value-Ratio vorgenommen. Darüber hinaus wird auch hier eine Art von „Spezialfinanzierung" eingeführt, und zwar immer dann, wenn die Bedienung und Rückzahlung des Immobilienkredits aus den Erträgen des finanzierten Objekts erfolgt und sich die Kreditentscheidung nicht auf die Bonität des Kreditnehmers stützt. Hier können die Risikogewichte um 20 bis 65 Prozentpunkte steigen.

Daneben wird in Basel eine neue Forderungsklasse für Immobilienkredite mit einem Risikogewicht von 150 % geschaffen. Sie umfasst Ausleihungen für die Erschließungs- und Bauphase, bevor die Objekte verkauft sind. Für Europa stellt dies aber keine Verschärfung dar, da wir eine entsprechende Vorschrift bereits in der CRR kennen (Artikel 128 CRR).

Darüber hinaus besteht bei den Immobilienkrediten noch eine für Deutschland sehr wichtige Frage: Bleibt uns das „Realkredit-Splitting" erhalten? Wir haben heute die Regel, dass Kredite mit einem Beleihungsauslauf von 60 bzw. 80 % günstigere Anrechnungssätze haben. Geht der Beleihungsauslauf darüber hinaus, kann der Kredit in den begünstigten und einen nicht begünstigten Teil (Anrechnung mit 100 % bzw. 75 % im Mengengeschäft) zerlegt werden. Im jetzigen Baseler Vorschlag steigen die Risikogewichte mit dem Loan-to-Value, aber man springt mit dem gesamten Kredit in die jeweils höhere Risikoklasse. Die Anwendung des Realkreditsplittings ist in Basel noch ein stark diskutierter Punkt.

Abschließend ist noch auf die jederzeit kündbaren Kreditzusagen im Retail-Geschäft hinzuweisen: Hier entfällt die Nullanrechnung zugunsten einer Anrechnung mit 10 oder 20 %.

4.2 Kreditrisiko IRB-Ansatz

Beim Modelle-Ansatz für das Kreditrisiko werden ebenfalls grundlegende Überarbeitungen vorgenommen. Dabei werden zwei Wege beschritten.

Erstens wird die Zulässigkeit von bankinternen Modellen für einige Portfolien stark eingeschränkt oder gar aufgehoben. Hintergrund ist die Überlegung, dass für viele Portfolien in Ermangelung von Ausfalldaten kaum eine zuverlässige Modellierung möglich ist. Für Forderungen an Banken und große Unternehmen wird man künftig lediglich den Standardansatz nutzen dürfen, für mittlere Unternehmen nur den Basis-IRBA und nur noch für kleine Unternehmen und im Mengengeschäft den fortgeschrittenen IRBA.

„Groß" sind dabei Unternehmen, die auf Konzernebene eine Bilanzsumme von 50 Milliarden Euro überschreiten. Die Eingruppierung in die Gruppen „Mittel" und „Klein" hängt davon ab, ob auf Gruppenebene der Umsatz von 200 Millionen Euro überschritten wird oder nicht. Zur richtigen Einordnung muss man sich vor Augen führen, dass die Grenze für große Unternehmen recht hoch angesetzt wurde. In Deutschland gibt es etwa 10 IFRS-Konzerne, die diese 50 Milliarden-Marke überschreiten.

Wichtig ist auch festzuhalten, dass es an dieser Stelle nicht um die Mittelstandsunternehmen, also nicht um die SMEs mit einem Umsatz unter 50 Millionen Euro geht. Sie behalten ihr Privileg aus Basel II. Also bleibt es hier bei der Anpassung der Risikogewichtsfunktion, die je nach Ausfallwahrscheinlichkeit eine Absenkung des Risikogewichts von bis zu 25 % bringt.

Der generelle Ausschluss der Ausleihungen an Banken von allen IRB-Ansätzen betrifft in Deutschland etwa ein Drittel dieser Forderungsklasse. Damit wird die Höhe der insgesamt nach Modelle-Ansätzen berechneten RWAs um 14 % abnehmen.

Der *zweite* wesentliche Eingriff in die bankinterne Modellierung von Kreditrisiken besteht in der Vorgabe von Untergrenzen für wichtige Risikoparameter wie der Ausfallwahrscheinlichkeit, dem Loss-Given-Default oder dem Exposure-at-Default. Die Begrenzungen sind wiederum für die einzelnen Portfolioarten unterschiedlich formuliert. Außerdem werden höhere Abschläge auf bestimmte Sicherheiten vorgeschlagen. Wie diese sogenannten „Inputfloors" genau kalibriert werden, ist Gegenstand der Auswirkungsstudie, in der verschiedene Varianten durchgerechnet werden.

5. Operationelle Risiken

Die Eigenmittelunterlegung operationeller Risiken wird völlig neu geregelt. Künftig wird es nur noch einen Standardansatz geben. Dabei hat der Baseler Ausschuss auf das bislang einfachste Modell, den Basisindikatoransatz, zurückgegriffen, der derzeit von mehr als 1.600 deutschen Banken genutzt wird. Die fortgeschrittenen Ansätze haben dagegen keine zufriedenstellenden Ergebnisse geliefert. Dies gilt insbesondere für den internen Modelle-Ansatz, den sogenannten AMA. Bei den in den Banken eingesetzten Modellen hat sich kein vergleichbarer Industriestandard herausgebildet und die berechneten Eigenmittelanforderungen weisen eine sehr hohe Schwankungsbreite aus. Der künftig wegfallende AMA-Ansatz wird derzeit von 17 Instituten genutzt. Auf sie entfallen allerdings 45 % der RWAs im Bereich Op-Risk.

Da es künftig nur noch einen Ansatz gibt, entfallen natürlich die Zulassungsprüfungen. Allerdings wird es weiterhin Mindestanforderungen an das Management von operationellen Risiken in der Säule 2 geben.

Die Funktionsweise des neuen Standardansatzes ist in *Abbildung 5* dargestellt. Der bisherige Basisindikatoransatz sah lediglich vor, dass der Bruttoertrag eines Instituts mit 15 % multipliziert wurde. Der Bruttoertrag wird künftig durch den Businessindikator ersetzt. Dieser wird aus drei Komponenten gebildet wird: dem Zins-, Gebühren- und Finanzergebnis. Im Gegensatz zum bisherigen Bruttoergebnis findet keine Saldierung von Aufwendungen und Erträgen mehr statt, sondern es handelt sich im Grundsatz um die Addition von Aufwands- und Ertragsseite oder zumindest um die Auswahl der größeren Seite.

Neu ist auch, dass die Businessindikatoren in Größenklassen eingeteilt werden und der Unterlegungssatz nicht mehr pauschal 15 % beträgt, sondern zwischen 11 und 29 % schwankt. Diese recht einfache Berechnungsweise wird insofern etwas verfeinert, als dass von Banken mit einem Businessindikator von über 1 Milliarde Euro verlangt wird, dass sie Daten aus ihren Verlustdatenbanken in die Berechnungsformel aufnehmen.

Abbildung 5: *Operationelle Risiken – Gegenüberstellung SMA und BIA*

Basisindikatoransatz: EK_{BIA} = (Bruttoertrag) * 15 %

Standardized Measurement Approach: EK_{SMA} = (Business Indicator) * X %
Aufsichtlicher Faktor abhängig vom Business Indicator und somit der Institutsgröße

Business Indicator	0–1 Mrd.	1–3 Mrd.	3–10 Mrd.	10–30 Mrd.	> 30 Mrd.
Faktor	11%	15%	19%	23%	29%

Ab Business Indicator > 1 Mrd. müssen zusätzlich interne Verlustdaten über einen Zeitraum von 10 Jahren genutzt werden:

- Reduzierung der Eigenmittelanforderung um bis zu 50% bei geringer Verlusthistorie
- Erhöhung der Eigenmittelanforderung bei großen Verlusten

Business Indicator = Interest component + Services component + Financial component

- Interest component = Zinsergebnis + Leasingergebnis + Dividendenerträge
- Services component = Maximum aus Gebühren- und sonstigen Erträgen und Aufwendungen
- Financial component = Handelsbuchergebnis + Anlagebuchergebnis

Den Maßstab bildet dabei der Median aus einer 10-jährigen Verlusthistorie von 140 großen, international operierenden Banken. Liegt das jeweilige Institut über diesem Median, steigt die Kapitalanforderung, ist die Verlusthistorie günstiger, kann die Bank bis zu 50 % der Op-Risk-Anforderung einsparen. In Deutschland rechne ich mit ca. 30 bis 40 Banken, die einen Businessindikator von über 1 Milliarde Euro aufweisen.

Im Ergebnis wird dies in der Tendenz folgende Auswirkung haben: Die Op-Risk-Anforderung wird stärker von der Institutsgröße abhängen. Die Spreizung der Eigenmittelunterlegung wird steigen, wobei kleine Institute profitieren. Bei den größeren Instituten wird es möglich sein, bei entsprechend günstiger Verlusthistorie bis zu 50 % der Eigenmittel zu sparen.

6. Gesamtkalibrierung

Zum Thema Gesamtkalibrierung des neuen Eigenmittelakkords sind einige grundlegende Anmerkungen zu machen. Alle meine Ausführungen zu höheren Risikogewichten basieren auf den Konsultationspapieren und sind damit noch nicht endgültig und können im Rahmen einer Gesamtkalibrierung noch geändert werden.

Ein wesentlicher Teil der Diskussionen in diesem Zusammenhang dreht sich um die Festlegung einer risikobasierten Untergrenze für die Eigenmittelanforderungen bzw. „Capital Floors". Bereits Basel II sah vor, die möglichen Kapitaleinsparungen durch den Einsatz interner Modelle im Vergleich zu den Standardansätzen zu begrenzen. Zunächst auf die Jahre 2007 bis 2009 beschränkt und dann unbefristet verlängert sah Basel II vor, dass die Modelle-Banken den Standardansatz für das Kreditrisiko, damals Basel I, parallel rechnen. Unabhängig vom Modellergebnis sind mindestens 80 % der Eigenmittelanforderungen des Standardansatzes zu erfüllen.

Die Festlegung eines neuen Output-Floors ist insbesondere deswegen eine sehr anspruchsvolle Aufgabe, weil die Berechnungsgrundlage, der neue Standardansatz für das Kredit-Risiko, selbst noch zu kalibrieren ist. Der aktuelle Stand zum diesem Thema nach der letzten Baseler Ausschusssitzung ist folgender: Das Komitee erwägt die Einführung einer Untergrenze, berechnet auf die gesamten Risikoaktiva nach Standardmethoden. Eine Alternative könnte darin bestehen, Output-Floors auf granularer Ebene, also für Risikoarten oder einzelne Portfolien, einzuführen.

Dabei muss man bedenken, dass bereits eine Art von Output-Floor existiert: die Leverage Ratio. Diese Verschuldungsquote ist bekanntlich als ein Back-Stopp für die risikogewichtete Eigenmittelanforderung gedacht. Für die Verschuldungsquote gibt es bereits einige feste Vorgaben der GHOS: Sie soll auf Basis von Tier 1-Kapital berechnet werden und mindestens 3 % betragen. Für global systemrelevante Institute soll es einen Zuschlag in noch nicht festgelegter Höhe geben.

Zu der Frage, wie hoch die künftigen Kapitalanforderungen insgesamt sein werden, wurden von Banken und Wirtschaftsprüfern auf Grundlage der verschiedenen Konsultationspapiere Proberechnungen angestellt. Einige sagen einen Anstieg der Kapitalanforderungen in der Größenordnung von 30 % bis 40 %

voraus. Den Daten einer eigenen partiellen Auswirkungsstudie zufolge sind diese Ergebnisse in der genannten Bandbreite in etwa nachvollziehen. Allerdings wird dabei von der falschen Voraussetzung ausgegangen, dass die Anrechnungssätze der derzeitigen Konsultationspapiere gelten.

Ich habe aber bereits darauf hingewiesen, dass die in diesem Jahr laufende Auswirkungsstudie einer vollständigen Neukalibrierung des Akkords dient. Das Ziel dieser Übung ist der Presseerklärung der GHOS vom 11. Januar 2016 zu entnehmen:

„The Committee will focus on ***not*** *significantly increasing overall capital requirements."*

Dies gilt natürlich im Mittel und schließt nicht aus, dass einzelne Banken höhere und andere niedrigere Mindestanforderungen zu erfüllen haben. Auch ist anzumerken, dass die Baseler Kalibrierung sich immer auf die Grundgesamtheit aller an der QIS teilnehmenden Banken bezieht. Die einzelnen Staaten könnten daher durchaus unterschiedlich betroffen sein. Außerdem muss noch definiert werden, was denn unter einem signifikanten Anstieg zu verstehen ist. Vor Fertigstellung der umfassenden Auswirkungsstudie und der sich anschließenden Neukalibrierung des Akkords ist die Frage nach der Höhe der künftigen Kapitalanforderungen nicht zu beantworten.

7. Aktuelle Ergebnisse des Basel III-Monitoring

Das Inkrafttreten des „Post-Crisis-Package" ist für 2019 geplant. Im Hinblick darauf wird abschließend ein kurzer Blick auf die Erfüllungsquoten unserer Banken in Bezug auf die aktuellen Basel III-Vorschriften geworfen. Grundlage ist wiederum unsere neueste Auswirkungsstudie mit Stand vom 31. Dezember 2015, die wie üblich Vollimplementierung unterstellt.

Wie in *Abbildung 6* ersichtlich, haben deutsche Kreditinstitute im Durchschnitt keine Probleme, die geforderten Kapitalquoten auch unter Berücksichtigung des Kapitalerhaltungspuffers zu erfüllen. Sowohl die großen Häuser (international tätige Institute mit einem Kernkapital von mehr als 3 Milliarden Euro) als auch die kleineren Gruppe-2-Institute überschreiten diese Zielmarke von 7 % um fünf bzw. sogar sechs Prozentpunkte. Sie liegen damit über dem europäischen Durchschnitt.

Auch die Leverage-Ratio stellt im Durchschnitt aller Institute kein Problem dar, wenn man eine Zielmarke von 3 % unterstellt. Die einzige Zielverfehlung ist noch bei den großen Instituten in Bezug auf die NSFR von 97 % auszumachen.

Abbildung 6: *Implementierungsstand von Basel III Ergebnisse aus dem CRR/CRD-IV-Monitoring*

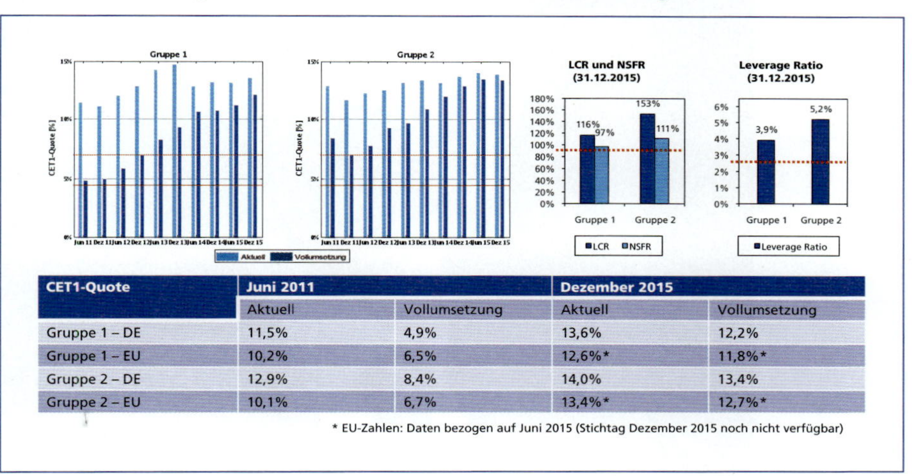

CET1-Quote	Juni 2011		Dezember 2015	
	Aktuell	Vollumsetzung	Aktuell	Vollumsetzung
Gruppe 1 – DE	11,5%	4,9%	13,6%	12,2%
Gruppe 1 – EU	10,2%	6,5%	12,6%*	11,8%*
Gruppe 2 – DE	12,9%	8,4%	14,0%	13,4%
Gruppe 2 – EU	10,1%	6,7%	13,4%*	12,7%*

* EU-Zahlen: Daten bezogen auf Juni 2015 (Stichtag Dezember 2015 noch nicht verfügbar)

Interessant ist allerdings auch die Frage, für wie viele Häuser die risikogewichtete Eigenmittelanforderung und für wie viele die Leverage-Ratio die beschränkende Norm darstellt. Bei den deutschen Instituten fällt die Antwort derzeit noch relativ klar aus. Bei sechs der acht Gruppe 1-Institute geht die Beschränkung noch von der Verschuldungsquote aus. Bei den kleineren Instituten ist dies ein Anteil von 31 %. Ob dies so bleibt, hängt im Wesentlichen davon ab, wie stark die Gesamtkapitalanforderungen nach der endgültigen Finalisierung von Basel III tatsächlich ansteigen und welchen Einfluss die Kapitalzuschläge zwischen 0,5 und zwei Prozentpunkten für die Häuser haben, die auf nationaler Ebene als systemrelevant identifiziert wurden.

Dr. Korbinian Ibel
Generaldirektor
Mikroprudenzielle Aufsicht IV
Europäische Zentralbank

Korbinian Ibel

SREP für signifikante und weniger signifikante Banken

1. Einleitung

Das Thema meines Beitrags ist der SREP für signifikante und weniger signifikante Institute. Bevor ich gezielt darauf eingehe, möchte ich vorerst einen Schritt zurückgehen und beleuchten, welche Rolle der SREP im Gesamtbild spielt.

Dazu sollten wir unser Augenmerk zunächst auf die Europäische Bankenaufsicht als Ganzes lenken: Eine der zentralen Zielsetzungen bei der Schaffung des Single Supervisory Mechanism war es, im Zuge der Finanzkrise verloren gegangenes Vertrauen zurückzugewinnen – und zwar in mehr als nur einer Hinsicht: Zum einen musste das Vertrauen von Ein- und Anlegern in die Stabilität und Funktion der Banken wiederhergestellt werden. Zum anderen hat in der Krise auch das Vertrauen in die bestehenden Aufsichtsstrukturen Schaden genommen. Es war wichtig, Vertrauen zurück zu gewinnen, dass die Aufsicht Fehlverhalten rechtzeitig erkennt und auch korrigiert.

Daraus lässt sich für den SSM eine Reihe von konkreten Aufgaben ableiten:

1. Die Aufsicht braucht einen sehr guten Überblick über relevante Entwicklungen und Risiken, sowohl auf der Einzelbankebene als auch mit Blick auf den Bankensektor als Ganzes.

2. Wir benötigen einheitliche Aufsichtsstandards und Praktiken. Denn nur so können wir sicherstellen, dass alle Marktteilnehmer gleiche Wettbewerbschancen haben.

3. Die Aufsicht muss schlagkräftig und proaktiv sein. Die Krise hat uns gezeigt, dass reaktive Aufsicht oder „light touch" Ansätze nicht funktionieren. Insofern müssen Aufseher mit den Banken auf Augenhöhe diskutieren und im Falle von Fehlentwicklungen rechtzeitig und angemessen reagieren.

Jeder dieser drei Punkte stellt bereits eine Herausforderung dar, und wir werden in den kommenden Monaten und Jahren hart arbeiten müssen, um diese Ziele zu erreichen.

Wie Frau Lautenschläger in ihrem Beitrag bereits erwähnt hat, haben wir seit unserem Start im November 2014 gute Fortschritte gemacht. Einer unserer größten bisherigen Erfolge ist die Einführung eines einheitlichen SREP-Prozesses für die nahezu 130 signifikanten Banken in allen 19 SSM-Ländern.

2. Der SSM SREP für signifikante Institute

Lassen Sie mich zuerst den Begriff „SREP" erläutern. Die Abkürzung steht für „**S**upervisory **R**eview and **E**valuation **P**rocess" oder zu Deutsch „Aufsichtlicher Überprüfungsprozess". Es handelt sich um eine kontinuierliche Untersuchung, ob die Kontrollsysteme sowie die Kapital- und Liquiditätsausstattung von Banken im Vergleich zu ihren Risiken aus aufsichtlicher Sicht angemessen sind.

Grundsätzlich ist dieser Prozess keine neue Erfindung. Seit der Einführung von Basel II sind Aufsichtsbehörden dazu verpflichtet, ihn durchzuführen und mindestens einmal jährlich zu entscheiden, ob zusätzliche Kapital- oder Liquiditätspuffer oder andere Maßnahmen, z. B. Beschränkungen der Geschäftstätigkeit notwendig sind. Dieser Prozess wurde in der Vergangenheit von vielen Ländern in unterschiedlicher Form und mit teils sehr unterschiedlichen Ergebnissen durchgeführt.

Im Zuge der Einführung des SSM haben wir seit 2013 gemeinsam mit den nationalen Aufsichtsbehörden eine neue, einheitliche Methodik entwickelt. Darin setzen wir nicht nur die aktuellen EBA-Richtlinien um, sondern vereinen aufsichtliche Best Practices und Erfahrungen in einem neuen Ansatz. Nach umfassenden Tests haben wir diesen harmonisierten Ansatz im vergangenen Jahr erstmals bei allen signifikanten Instituten angewendet.

Warum bezeichne ich dies nun als einen der bisher größten Erfolge des SSM? Weil der harmonisierte SSM SREP einen *signifikanten* Beitrag zur Bewältigung der Herausforderungen leistet, die ich eingangs aufgezählt habe.

3. Umfassendere Bewertung von Risiken im SSM SREP

Der SSM SREP ermöglicht uns tiefergehende Einblicke in die Risikoprofile der einzelnen Institute und versetzt uns in die Lage, die Gesamtsituation einer Bank besser und umfassender zu beurteilen. Denn anders als in manchen Ländern außerhalb der EU besteht der SSM SREP nicht nur aus einem Element. Vielmehr verfolgen wir einen holistischen Ansatz, in dem wir qualitative und quantitative, bankspezifische und institutsübergreifende Analysen zu einem Gesamtbild zusammenfügen. Im SSM nennen wir das „the House of SREP". Konkret setzt es sich aus vier Hauptelementen zusammen:

1. *Geschäftsmodell und Profitabilität:* Dabei schauen wir uns sowohl die kurzfristige Tragfähigkeit wie auch die mittelfristige Nachhaltigkeit des Geschäftsmodells an. Ich möchte in diesem Zusammenhang auch noch einmal betonen, dass wir den Banken keine Vorgaben bezüglich ihres Geschäftsmodells machen, wohl aber viele Fragen stellen.

2. *Governance und Risikomanagement:* Hierbei blicken wir nicht nur auf Governance und Risikomanagement im engeren Sinne, sondern auch auf interne Reporting- und Datenverarbeitungsinfrastrukturen sowie die Unternehmenskultur als Ganzes.

3. *Kapitalbezogene und*

4. *Liquiditätsrisiken:* Hier teilt sich unsere Analyse in drei Blöcke auf:

    a) Einerseits bewerten wir Kapital- und Liquiditätsrisiken nach unserer eigenen Methode.

    b) Gleichzeitig schauen wir uns aber auch an, wie die entsprechenden Risiken von den Banken selbst gesehen und in deren ICAAP bzw. ILAAP bewertet werden.

    c) In unserem dritten Block verwenden wir Stresstests, um die wesentlichen Risiken nicht nur unter aktuellen, sondern auch möglichen zukünftigen Bedingungen bewerten zu können.

Jedes der Elemente unseres „House of SREP" umfasst verschiedene Analysetools und unterschiedliche Perspektiven. Dazu gehören indikatorgestützte Analysen sowie Diskussionen mit Bankvertretern auf Fach- und Leitungsebene. Außerdem führen wir jedes Jahr mehrere hundert On-site-Prüfungen durch, in denen wir uns vor Ort einen genauen Eindruck zu spezifischen Themen verschaffen.

Zusätzlich stehen jedes Jahr eine Reihe umfassender horizontaler oder thematischer Untersuchungen auf unserem Programm, mit denen wir prioritäre Themen und neu auftretende Risiken besonders auf den Prüfstand stellen: Eine der in diesem Jahr besonders hervorzuhebenden Aktivitäten ist der Stresstest, an dem fast alle signifikanten Institute teilnehmen. Seine Ergebnisse fließen unter Block 3 insbesondere in unsere Bewertung kapitalbezogener Risiken ein, aber nicht nur das: Sollte es z. B. bei einer Bank anhaltende Probleme mit der Qualität der gelieferten Daten geben, so kann sich dies auch in unserer Bewertung zum Thema Governance niederschlagen.

Apropos Governance: Auch dieser Themenbereich zählt dieses Jahr wieder zu unseren Prioritäten. Anknüpfend an unsere letztjährige thematische Überprüfung zum Thema Governance und Risikoappetit stellen wir dieses Jahr die internen Reporting- und Management-Informationssysteme der SSM-Banken auf den Prüfstand.

Weiterhin durchleuchten wir dieses Jahr auch, inwieweit die signifikanten Banken auf aktuelle bzw. auf uns zukommende Herausforderungen vorbereitet sind. Konkret geht es dabei um die Themen Profitabilität im Kontext des aktuellen Niedrigzinsumfeldes, Auswirkungen der anstehenden Einführung von IFRS 9 sowie um den Umgang mit dem Thema IT und Cyberrisiko, das in den vergangenen Monaten mehr und mehr an Bedeutung gewonnen hat.

Der SSM SREP gibt uns als Aufsehern die Möglichkeit, die Erkenntnisse all dieser Aktivitäten auf strukturierte und nachvollziehbare Weise zu einem Gesamtbild der Risiko-, Kapital- und Liquiditätssituation einer Bank zusammenzufügen.

Es ist daher wichtig, zu verstehen: Obgleich wir normalerweise nur einmal pro Jahr eine Entscheidung zu Kapital, Liquidität und sonstigen Maßnahmen treffen, ist der SREP ein kontinuierlicher Prozess, der das ganze Jahr andauert und alle über das Jahr gewonnenen aufsichtlichen Erkenntnisse zusammenfasst.

Um dafür zu sorgen, dass wir diese Informationsfülle auch nutzen können und gleichzeitig um sicherzustellen, dass geltende Datenschutzregeln gewahrt bleiben, haben wir ein einheitliches IT-System namens IMAS entwickelt.

Diese IT-Infrastruktur erlaubt es unseren Teams in allen 19 Ländern und der EZB, gemeinsam die entsprechenden SREP-Analysen durchzuführen.

Die Methodik, eingebettet in diese IT-Infrastruktur, gibt uns erst die Möglichkeit, die Stärken des SSM-Systems voll auszuspielen.

4. Weitere Eigenschaften des SSM SREP

Auch im Bereich der anderen angesprochenen Herausforderungen bringt der SSM SREP handfeste Vorteile gegenüber der Situation zuvor:

1. *Vergleichbarkeit:* Dank der neuen Methodik können wir Bankrisiken SSM-weit miteinander vergleichen und aufsichtliche Anforderungen fairer und konsistenter kalibrieren. Dies kommt auch der Wettbewerbsgleichheit innerhalb Europas zugute.
2. *Proaktivität:* Da die Aktivitäten, die wir im Rahmen des SREP durchführen, einen intensiven Kontakt mit den Banken erfordern, können sich unsere Aufsichtsteams mit den Bankvertretern auf Augenhöhe austauschen und Fehlentwicklungen früh erkennen.
3. *Konsistenz und Transparenz:* Die SSM-SREP-Methodik ist vollständig kodifiziert. Das heißt, es gibt über die EBA-Richtlinie hinaus klare Regeln, wie z. B. einzelne Risiken zu bewerten sind, auf welche Weise solche Einzelbewertungen in die Gesamtbewertung eines Instituts eingehen und in welchem Umfang aufsichtliche Ermessensspielräume gelten. Auf diese Weise können wir sicherstellen, dass unsere Bewertung über verschiedene Institute hinweg vergleichbar ist.

Darüber hinaus haben wir so die Möglichkeit, klar zu kommunizieren, worauf es uns bei der Risikobewertung ankommt und was wir von den Banken erwarten. Konkret ist dies seit der Einführung des SSM über eine Reihe von Kanälen geschehen, die ich hier aufzählen möchte:

- Im November 2014 haben wir in unserem Guide to Banking Supervision wichtige Grundlagen zu unserem Aufsichtsansatz kommuniziert.
- Im Rahmen der letztjährigen SREP-Entscheidungen haben unsere Aufsichtsteams einen intensiven aufsichtlichen Dialog mit jedem der signifikanten Institute geführt.

- Zu Beginn dieses Jahres haben wir in einer Veröffentlichung darüber informiert, welche Themen dieses Jahr zu unseren aufsichtlichen Prioritäten zählen.
- Ebenfalls Anfang dieses Jahres wurden alle signifikanten Banken in einem Brief über unsere Erwartungen hinsichtlich des ICAAP und ILAAP informiert.
- Zu guter Letzt haben wir im Januar eine Reihe von Workshops durchgeführt, in denen wir die Geschäftsleitung signifikanter Banken umfassend über unsere SREP-Methodik informiert haben. Die wesentlichen Informationen wurden ebenfalls in Form eines SREP Methodology Booklets auf unserer Website veröffentlicht.

5. Ausblick auf aktuelle Arbeiten

Zusammenfassend kann man sagen, dass die erstmalige Anwendung der SSM-SREP-Methodik ein Erfolg war, der uns bei der Umsetzung unserer Aufgaben und Ziele einen wesentlichen Schritt weiter gebracht hat.

Die Kapitalanforderungen für signifikante Institute sind insgesamt nur in sehr moderatem Umfang gestiegen und liegen auf einem Niveau, das auf internationaler Ebene vergleichbar ist.

Aber wir haben die Kapitalanforderungen in deutlich besserem Maße an das von uns in Banken gesehene Risiko angeglichen. So hat sich die Korrelation zwischen der aufsichtlichen Risikobewertung der Banken und den jeweils resultierenden Kapitalanforderungen seit dem SSM-Start erheblich verbessert – von 26 % im Jahr vor der SSM-Einführung auf 40 % in 2014 und fast 70 % in 2015, dem ersten Anwendungsjahr der neuen SREP-Methodik.

Da wir neben den Kapital- auch über Liquiditäts- und sonstige aufsichtliche Maßnahmen entscheiden und eine Bank somit bei gleichem Risiko unterschiedlichen Maßnahmenkonstellationen unterliegen kann, ist eine Korrelation von 70 % aus unserer Sicht auch langfristig ein gutes Ziel.

Der anfängliche Erfolg bedeutet jedoch nicht, dass die Arbeit am SREP für uns damit beendet sei. Im Gegenteil – wir werden unsere Methodik auch in Zukunft behutsam weiterentwickeln.

Dies hat verschiedene Gründe: Zum einen haben sich im Rahmen des ersten SREP-Durchlaufs, wie auch bei anderen Dingen die man zum ersten Mal tut, viele Fragen ergeben, die einer Klarstellung bedurften. Diese Erkenntnisse fließen natürlich in den laufenden Verbesserungsprozess mit ein.

Weiterhin werden wir unsere Fähigkeiten zur Analyse von Liquiditätsrisiken und der angemessenen Kapitalausstattung weiter ausbauen. Basierten unsere Bewertungen im vergangenen Jahr noch weitgehend auf unseren internen Ansätzen, werden unsere Aufsichtsteams in diesem Jahr umfangreichere Möglichkeiten zur Bewertung bankinterner Methoden zur Kapital- und Liquiditätsbemessung – ICAAP und ILAAP – haben.

Zu guter Letzt wird sich der SREP auch verändern, um mit dem sich weiter entwickelnden Bankgeschäft Schritt zu halten oder um auf Anpassungen im regulatorischen Umfeld zu reagieren.

Dies gilt z. B. mit Blick auf die Auswirkungen von IFRS 9 sowie den abschließenden Arbeiten am Basel III-Regelwerk. Sollten sich daraus Veränderungen im Gefüge zwischen der aufsichtlichen Säule 1 und Säule 2 ergeben, werden wir dies sorgfältig prüfen und unseren Ansatz falls nötig dahingehend anpassen, dass sich für Banken keine Doppelzählung von Risiken ergibt.

Es könnten weiterhin Empfehlungen künftig eine größere Rolle im SREP spielen.

Die Gesamtsumme aus Empfehlungen und Anforderungen würde sich im Durchschnitt nicht notwendigerweise ändern, aber es würde sich eine andere Aufteilung von Kapitalanforderungen und Empfehlungen ergeben.

Bestimmte Elemente des SREP, z. B. die Ergebnisse adverser Stressszenarien, könnten dann nicht mehr zu aufsichtlichen Kapitalanforderungen führen, sondern stattdessen zu Empfehlungen.

Der bisherige Automatismus, der eine verbindliche Ausschüttungssperre für Institute vorsieht – der so genannte MDA Trigger – würde bei Verletzungen von Kapitalempfehlungen nicht greifen, sodass diese Grenze im Durchschnitt sinken könnte.

Aber eines ist wichtig: Die Trennung zwischen Anforderungen und Empfehlungen würde nicht in Stein gemeißelt sein. Zum Beispiel könnte der Aufseher bei einer Verletzung der Kapitalempfehlung durch eine Bank entscheiden, gezielte aufsichtliche Maßnahmen zu ergreifen.

6. SREP für weniger signifikante Institute

Lassen Sie mich nun auf den SREP für weniger signifikante Institute eingehen. Hier ist es unser wesentliches Ziel, einheitliche Rahmenbedingungen und Konsistenz zwischen signifikanten und weniger signifikanten Instituten herzustellen.

Analog zum SREP für signifikante Institute wird eine harmonisierte Methodik es den Aufsehern auch für die sogenannten LSIs ermöglichen, die Situation von Banken über Landesgrenzen hinweg im gesamten SSM besser zu vergleichen und so einen Beitrag zu konsistenter Aufsicht und Wettbewerbsgleichheit zu leisten.

Daher ist der Entwurf der LSI-Methodik für den aufsichtlichen Überprüfungs- und Bewertungsprozess abgeleitet von der Methodik für signifikante Institute, wobei in der Anwendung und praktischen Ausgestaltung im Sinne des Proportionalitätsprinzips auf die Besonderheiten der weniger signifikanten Institute Rücksicht genommen wird.

Konkret unterscheiden wir drei verschiedene Elemente zur Anpassung der Intensität des SREP an Größe und Komplexität einer Bank, nämlich: Frequenz, Umfang und Detailgrad.

Bezüglich der Frequenz gilt, dass die Mindesthäufigkeit einer vollständigen Bewertung aller SREP-Risiken vom Prioritätsrang der Bank abhängig ist. Das heißt, eine jährliche Bewertung von Kapital- und Liquiditätsrisiko, Geschäftsmodell und interner Governance ist nur für die ca. 130 wichtigsten LSIs vorgesehen. Für die übrigen ca. 3.000 weniger signifikanten Institute gibt es die Möglichkeit einer reduzierten Analyse. Eine vollumfängliche Bewertung ist nur alle zwei bzw. drei Jahre vorgesehen.

Bezüglich des Umfangs und des Detailgrads der SREP-Analysen gilt, dass die nationalen Aufsichtsbehörden nur diejenigen Kapital- und Liquiditätsrisiken bewerten sollten, die sie als wesentlich für das Institut ansehen. Dieser Grundsatz setzt das Proportionalitätsprinzip gewissermaßen automatisch um, da auf diesem Weg die Bewertung kleinerer und weniger komplexer Institute deutlich vereinfacht wird. Die Bewertung für größere und komplexere Institute fällt entsprechend detaillierter aus.

Neben diesen proportionalitätsbedingten Anpassungen passen wir die SREP-Methodik auch in anderen Bereichen an, um den Besonderheiten kleinerer Banken Rechnung zu tragen. Dies gilt insbesondere im Bereich Reporting, in dem die Anforderungen entsprechend vereinfacht gelten.

Wir führen die Arbeiten am SREP für weniger signifikante Institute gemeinsam mit den nationalen Aufsichtsbehörden über einen Zeitraum von zwei Jahren durch. Hierzu gehört eine bis Juni 2017 dauernde Pilotphase, die ca. 180 LSIs aus allen 19 SSM-Ländern umfasst. Ab dem Jahr 2018 soll der LSI-SREP schließlich vollständig von den nationalen Aufsichtsbehörden angewendet werden.

Abbildung 1: *Das SSM „House of SREP"*

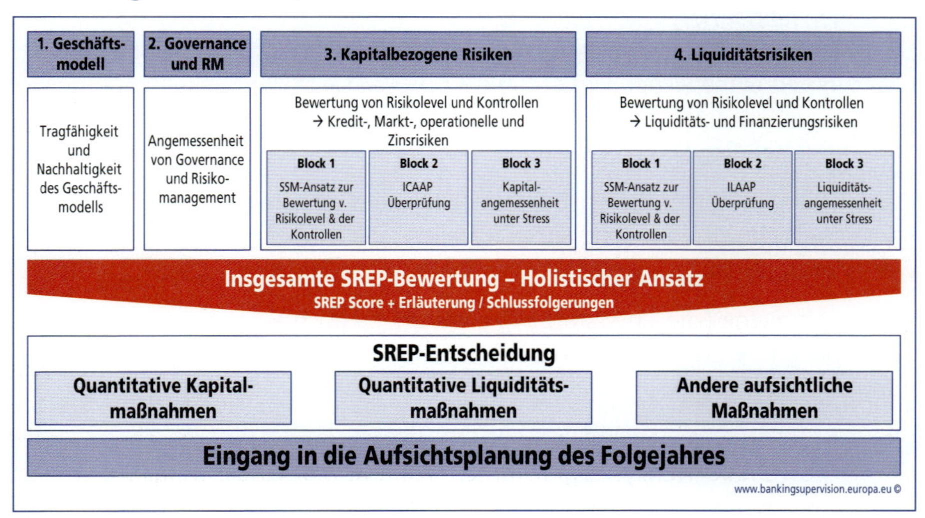

7. Schlussbemerkungen

Der SSM hat einen sehr erfolgreichen Start gehabt. Dabei ist der SREP ein exzellentes Beispiel dafür, was den SSM ausmacht und wo seine Vorteile liegen – nämlich in der Fähigkeit, den Blick fürs Detail auf der Einzelbank- oder Risikoebene mit einer horizontalen Gesamtperspektive über 19 Länder hinweg zu vereinen und durch einheitliche Standards die Konsistenz aufsichtlichen Handelns und die Wettbewerbsgleichheit auf grenzüberschreitender Ebene zu stärken.

Gleichzeitig gibt es noch viel Arbeit für uns, um die vor uns liegenden Herausforderungen zu bewältigen.

Zum einen – und auch das zeigt uns der SREP – bringt die Einführung großer Neuerungen immer viel Folgearbeit mit sich, um aufgekommene Fragen zu beantworten und Gelerntes in Verbesserungen umzusetzen.

Zum anderen gibt es noch eine Reihe von Bereichen, in denen ein Großteil der Arbeit noch vor uns liegt, wie z. B. beim SREP für weniger signifikante Institute.

Zu guter Letzt möchte ich noch eine Vision mit Ihnen teilen: Stellen sie sich eine Situation vor, in der Banken in Europa am Markt besser bewertet werden, sich günstiger refinanzieren können und einen besseren Marktzugang haben, *weil* sie Teil einer vollständig implementierten Kapitalmarktunion, das heißt dem weltweit größten einheitlichen Finanzmarkt sind; *weil* sie in der Bankenunion beaufsichtigt werden und *weil* alle Marktteilnehmer um den Vorteil eines vollständig harmonisierten Regelwerkes wissen.

Wir werden im SSM unseren Beitrag leisten, um eine faire und harmonisierte Bankenaufsicht im Euro-Land sicherzustellen. Der einheitliche SREP ist hier ein wichtiger Baustein.

Aber wir brauchen die Unterstützung aller, um die noch ausstehenden Reformen zur Kapitalmarktunion inklusive Insolvenzrecht oder sogar der Steuergesetzgebung voranzubringen.

Dr. Cornelius Riese
Vorstandsmitglied
DZ BANK AG

Cornelius Riese

Aktuelle Fragen der Bankenregulierung und des SREP: Anmerkungen aus Sicht eines Instituts

Mein Beitrag in diesem Buch kann sicher darin bestehen, eine Praktiker-Sicht und damit einen „Realitäts-Check" beizusteuern. Hiermit ist naturgemäß ein konstruktiv-kritischer Blick auf die Dinge verbunden.

Umso mehr ist es mir ein Anliegen, gleich zu Beginn zu betonen:

- Die Etablierung des Single Supervisory Mechanism (SSM) war richtig.
- Hierbei sind – in einem sehr kurzen Zeitraum – wesentliche institutionelle und methodische Fortschritte (z.B. bezüglich des SREP-Prozesses) erzielt worden.
- Auch haben die Banken materiell Umfang und Qualität von Eigenkapitel und Liquidität deutlich gesteigert.
- Die Zusammenarbeit mit den Joint Supervisory Teams (JSTs) wird – und ich spreche hier auch für viele Kolleginnen und Kollegen in der Branche – geschätzt.
- An vielen Stellen nehmen wir eine konstruktive und pragmatische Herangehensweise der JSTs wahr – das aktuelle Fusionsvorhaben von DZ BANK und WGZ BANK steht hierfür Pate.

In einem noch frühen Stadium seines Wirkens ist durch den SSM viel erreicht worden. Hierfür gebührt allen Beteiligten hoher Respekt.

Im Folgenden will ich meine Wahrnehmungen aus dem Praktiker-Alltag schildern und hieraus Anregungen ableiten, an welchen Stellen sich weitere Entwicklungspotenziale für die Zukunft ergeben könnten.

Hierbei werde ich zunächst auf das bankenregulatorische Umfeld als Ganzes und anschließend auf auf den SREP-Prozess im engeren Sinne eingehen. Beide sind untrennbar miteinander verbunden. Gleichzeitig beziehe ich auch die Perspektive der sogenannten weniger bedeutenden Institute mit ein.

Die *erste Beobachtung* lässt sich mit dem Stichwort *Berechenbarkeit* umschreiben.

Die Banken werden weiterhin – einige Jahre nach Inkrafttreten von Basel III – in hoher Taktfrequenz mit Regulierungspaketen und diesbezüglichen Auswirkungsstudien konfrontiert, von denen jedes für sich die Kapitalsituation massiv beeinflusst: ob Fundamental Review of the Trading Book, Zinsänderungsrisiko im Bankbuch, operationale Risiken, Standardansatz für Kreditrisiken, Leverage Ratio.

Sämtliche dieser Vorschläge führen zu einer signifikanten Erhöhung der Kapitalanforderungen. Diesbezügliche Studien kommen zu einem einhelligen Ergebnis: In Summe können diese Regulatorik-Pakete den Kapitalbedarf von Banken um 20 % bis 40 % erhöhen.

In einem solchen Umfeld ist für das Führungspersonal in Banken (Kapital-)Planungssicherheit nur sehr eingeschränkt gegeben. Diese bildet jedoch die Grundlage für unternehmerisches Handeln und damit auch für eine notwendige Marktkonsolidierung im Bankensektor.

Symptomatisch hierfür ist auch die terminologische Diskussion um Basel III versus Basel IV.

Denn prominente Vertreter aus Politik und Regulatorik weisen darauf hin, dass keine weiteren Verschärfungen z. B. der Kapitalregeln für Banken vorgesehen sind. Die Beliebtheit der Terminologie Basel IV hält sich dort sehr in Grenzen. Schließlich ginge es nur um die Verfeinerung oder Weiterentwicklung von Basel III.

Solange jedoch die von mir geschilderten Wirkungsdimensionen mit den neuen Regulatorikprojekten verknüpft sind, wird es aus meiner Sicht sinnvoll sein, auch weiterhin von Basel IV zu sprechen.

Hinzu kommt die Tatsache, dass viele der genannten Vorhaben – gerade für die deutsche mittelständische Wirtschaftsstruktur mit einem Schwerpunkt auf längerfristigen Kreditfinanzierungen – schädlich wirken. Sie sind ein Steinbruch für sogenannte „Unintendend Consequences" – gerade für Deutschland.

Ein Beispiel bildet die geplante Eigenmittelunterlegung für private Immobilienfinanzierungen im Rahmen eines Kreditrisiko-Standardansatzes. Der entscheidende Risikoparameter „Loan to Value" als Verhältnisgröße von Darlehen und Marktwert ist international mit dem auf Basis einer eigenständigen Verordnung ermittelten konservativen „Beleihungswert" nicht vergleichbar. Solche Ansätze führen zu einer systematischen Benachteiligung deutscher Baufinanzierer (sowohl der Verbraucher als auch der Banken) und zu einer Gefährdung der deutschen Langfristkultur im Immobilienbereich.

Es drängt sich der Eindruck auf, dass die Kapitäne an Bord des Regulatorik-Dampfers zwar die Geschwindigkeit drosseln wollen – die Maschinen laufen jedoch noch auf „Vollgas" weiter.

Wenn der übergreifende Wille besteht, mehr Kontinuität in der Bankenregulatorik zu erreichen, sollte dies meines Erachtens auch praktisch erlebbar werden. Insofern sollte ein Moratorium für regulatorische Innovationen in Betracht gezogen werden.

Die *zweite Beobachtung* bezieht sich auf die *Konsistenz des Aufsichtshandelns mit anderen Rechtsgebieten*.

Mit Etablierung des Single Supervisory Mechanism hat sich der Charakter der Bankenaufsicht – zumindest im Vergleich zum bisherigen deutschen Aufsichtsmodell – verändert. Vereinfacht kann man sagen: intensiver, quantitativer, direktiver.

Dies geht einher mit einem bisweilen robusteren Vorgehen von Aufsichtsbehörden, was sicherlich in Teilen sogar begrüßenswert ist.

Schwerer wiegt, dass wir Banken in der Praxis oftmals mit widersprüchlichen Regelungen von Aufsichtsrecht beziehungsweise Aufsichtshandeln und anderen Rechtsgebieten konfrontiert werden.

Ein Beispiel bilden Abfragen der Aufsicht, die einzelkundenbezogene Daten aus anderen Jurisdiktionen einfordern. Die Übermittlung dieser Daten widerspräche oftmals jedoch den einschlägigen nationalen Datenschutzgesetzen anderer Länder. Welche Rechtsgrundlage ist bindend, welche zu vernachlässigen?

Auch die Vorgabe von Bilanzierungsansätzen – z. B. Abschreibungsquoten bei Heta-Gläubigern durch den SSM im letzten Jahr – führt aus handelsrechtlicher Sicht zu einem vergleichbaren Dilemma.

Ein weiteres Beispiel ist die Frage der Kommunikation von SREP-Quoten. Diese bilden zweifelsohne im Regelfall eine kapitalmarktrechtlich relevante Information. Ungeachtet dessen wurde in den offiziellen SREP-Briefen eine Nicht-Veröffentlichung empfohlen, was Anfang dieses Jahres dann revidiert wurde.

Diese Einzelfälle stehen beispielhaft dafür, dass sich das Aufsichtsrecht in ein komplexes Geflecht aus anderen Regelungen einbettet. Eine systematischere Berücksichtigung dieses Sachverhaltes in künftigem Aufsichtshandeln sollte eine Priorität für die Zukunft darstellen.

Die *dritte Beobachtung* kann mit den Begriffen *Koordination und Effizienz* umschrieben werden.

Letztendlich ist im Alltag der Steuerungseinheiten von Banken eine undurchdringliche Fülle an Meldepflichten, Berichtsformaten und Spezialabfragen entstanden. Klangvolle Akronyme wie FINREP, COREP, ANACREDIT, STEs – man könnte noch viele weitere mehr nennen – stehen hierfür eindrucksvoll Pate.

Hinzu kommt, dass es eine Vielfalt an Abfragen von Institutionen aus dem Aufsichts- und Abwicklungsumfeld gibt – sei es Basel, die EBA, die EZB, die nationalen Aufsichtsbehörden, die FMSA oder das Single Resolution Board, die weitgehend unkoordiniert erfolgen. Die gut funktionierende Abstimmung innerhalb des SSM zwischen der EZB und der BaFin beziehungsweise Bundesbank sei hier explizit ausgenommen.

Würden aber die Regulatorik-Institutionen, z. B. im Rahmen einer freiwilligen Selbstverpflichtung, nur Daten anfragen, die bei anderen Akteuren noch nicht vorliegen, könnte dies die Banken massiv entlasten. Dies würde auch der inneren Abstimmung zwischen den entsprechenden Behörden dienlich sein.

Unter dem Gesichtspunkt der Effizienz sind sicherlich auch die Entscheidungsprozesse im SSM zu hinterfragen. Aufsichtliche Routinevorgänge, die in der Vergangenheit binnen Tagen geklärt werden konnten (z. B. im Bereich der Modelländerungen oder Bankleiter-Bestellungen), durchlaufen oftmals marktferne und zentralistische Entscheidungsprozesse. Eine Beschleunigung – auch wenn dafür grundsätzliche gesetzgeberische Aktivitäten erforderlich sind – tut hier Not.

Auf die *Gestaltung des Konsultationsumfeldes* bezieht sich die *vierte Beobachtung*.

Diverse nationale und internationale Verbände, funktionale und sektorbezogene Branchenvereinigungen, Wirtschaftsprüfer, Unternehmensberater – um nur einige zu nennen – versuchen, die Schnittstelle zum SSM und zur Europäischen Zentralbank im Speziellen zu intensivieren.

Das ist auch gut so. Ein enger Austausch mit externer Kompetenz ist im Rahmen der Bankenaufsicht zielführend. Ein Wettlauf um die größte Nähe zu den regulatorischen Institutionen sollte jedoch vermieden werden.

Es wäre zu empfehlen, dass die EZB aktiv eine Konsultationsstruktur gestaltet, die die verschiedenen nationalen Interessen und Banktypologien angemessen berücksichtigt.

Den Schlüsselprozess im Rahmen des Aufsichtshandelns des SSM bildet der *Supervisory Review and Evaluation Process*. Der SREP hat sicherlich in kurzer Zeit einen guten Reifegrad erreicht.

Hierzu gehe ich auf *fünf Themenfelder* ein, die in der Praxis-Auseinandersetzung besonders betont werden.

Das *erste* stellt der Anspruch des *Level Playing Field* dar – gleichsam ein Mantra, ein „heiliges Wort", des SREP. Methoden und Entscheidungsprozesse sollen vergleichbar sein.

Auf oberster Ebene ist diese Vergleichbarkeit sicherlich gegeben. Es gibt im Rahmen des SREP dieselben Betrachtungselemente und Skalenausprägungen.

Wie vergleichbar die letztendlich zuliefernden Regelwerke in den verschiedenen Ländern ausgeprägt sind, erscheint aus Praktiker-Sicht jedoch fraglich. So variiert beispielsweise der Umfang der Säule II-Anforderungen in den Euro-Ländern erheblich. Dies führt dazu, dass Banken aus Ländern mit einer historisch stark ausgeprägten Säule II, im sogenannten Säule I+ Ansatz, möglicherweise erhöhten Anforderungen unterliegen.

Auch wenn man die resultierenden SREP-Quoten vergleicht, gibt es sicherlich Auffälligkeiten:

- Die SREP-Quoten differenzieren wenig in Abhängigkeit von der Solidität der Banken, die zugegebenermaßen – z. B. über externe Rating-Stufen, CDS-Spreads – nur eingeschränkt messbar ist.
- Banken aus Ländern mit besonderen Herausforderungen in ihren Finanz- und Kreditmärkten und überschaubaren Ratingeinstufungen schneiden überraschenderweise gut ab.

Es entsteht der Eindruck, dass im Aufsichts- und im SREP-Prozess das Kriterium der Tragfähigkeit eine ebenso wichtige Rolle spielt wie die zugrunde liegende Methodik.

Das kann in den nächsten Jahren jedoch Herausforderungen mit sich bringen. Wie für jedes bankaufsichtlich abgenommene Modell wird auch für die SREP-Methode ein Backtesting erfolgen – und das in aller Öffentlichkeit. Mit anderen Worten: Der Single Supervisory Mechanism wird an der Prognosefähigkeit des Verfahrens gemessen werden.

Vor diesem Hintergrund kommt dem *zweiten Beobachtungsfeld* – der *Transparenz und Nachvollziehbarkeit in der Ermittlung von SREP-Quoten* – eine hohe Bedeutung zu.

Derzeit nimmt der Bankleiter faktisch „ex cathedra“ die Verkündung der Quote – ergänzt um qualitative Hinweise – entgegen. Die entscheidende Frage aber bleibt weitestgehend offen: Was muss eine Bank in welchem Beurteilungsfeld tun, um welche Auswirkung auf die Kapitalanforderung zu erzielen?

Dies bildet sicherlich einen guten Ansatzpunkt, um den SREP in den nächsten Jahren weiterzuentwickeln.

Ein *dritter wesentlicher Beobachtungspunkt* in der Praktikerdiskussion stellt das Beurteilungskriterium der *Governance* im SREP dar. Vermutlich ist es auch eines der Themen, das bisweilen mit der höchsten emotionalen Intensität diskutiert wird.

Letztendlich berichten viele Kolleginnen und Kollegen von Rückmeldungen der Bankenaufsicht, die de facto Geschäftsleitungsfunktionen (z. B. die Validierung eines Risikomodells von nachgelagerter Bedeutung) vom Aufsichtsrat verlangen.

Auch die Komposition von Aufsichtsgremien wird – unter Berücksichtigung von Anteilseignerinteressen, Mitbestimmungsgesetzen und aufsichtlicher Qualifikationsstandards (Fit and Proper) – intensiv diskutiert.

Hierbei scheinen oftmals zwei implizite Prägungen des Aufsichtshandelns hervor:

1. Das angelsächsische monistische Board-System bildet möglicherweise einen stärkeren Referenzpunkt als das deutsche dualistische System.
2. Im Zweifel kommt dem internationalen Banken-Aufsichtsrecht eine rechtshierarchisch höhere Bedeutung zu als z. B. dem deutschen Aktienrecht.

Dass professionalisierte Aufsichtsstrukturen für Banken – gerade als Lernerfahrung aus der Finanzkrise – erforderlich sind, steht außer Frage. Ungeachtet dessen erscheint es erforderlich, aktienrechtliche Aspekte in die Weiterentwicklung des Kriterienkatalogs zur Beurteilung der Governance stärker einfließen zu lassen.

Eine weitere Beobachtung bezüglich des SREP bildet – und dies ist der *vierte Punkt* – die Sicherstellung eines hinreichenden Maßes an *Differenzierung*.

Oftmals wird die Befürchtung geäußert, dass eine „Zwangs-Harmonisierung" von Geschäftsmodellen erfolgen könnte. Die Regulatoren betonen, dass ihr Handeln geschäftsmodell-neutral ist. Der grundsätzliche Wille zur Neutralität ist sicherlich gegeben.

Gleichzeitig zeigt sich häufig, dass spezifische Bankorganisationen – seien es kleinere Banken, Verbünde, Banken mit zugehörigen Versicherern, Spezialinstitute – eine erhöhte Schwelle des Verständnisses und der Akzeptanz zu überwinden haben. Benchmarking-Ansätze im Rahmen vermeintlicher Peer Groups tun hierzu ihr Übriges.

In der weiteren Entwicklung des SREP-Prozesses sollte darauf geachtet werden, dass Harmonisierung mit Augenmaß vorgenommen wird und nicht eine zwangsläufige Normierung zu „SSM-optimierten" Banken stattfindet.

In diesem Kontext ist auch mein *abschließender Beobachtungspunkt* bezüglich des SREP – die Differenzierung im Sinne der Bankengröße und damit die *Proportionalität* – zu sehen.

Zunächst ist festzuhalten, dass das Jahr 2016 das Jahr der Pilotierung des SREP für die kleineren Banken beziehungsweise die Less Significant Institutions darstellt. Der Feldversuch läuft und umfasst gut 300 Banken.

Zwar sind zahlreiche regulatorische Weichenstellungen bereits im Vorfeld im Sinne der dezentral organisierten Verbünde und kleineren Banken getroffen worden.

Es verbleiben jedoch eine Reihe an Besorgnissen seitens der kleineren Banken – z. B. dass der SREP-Prozess faktisch der direkten Aufsicht „durch die Hintertür" den Weg ebnet. Die Grenzen zwischen einer laufenden präventiv-orientierten Aufsicht durch die nationalen Behörden und der Funktion der Überwachung/ Standard-Vorgabe seitens der EZB sind hierbei fließend.

Der bisweilen stattfindende Versand englischsprachiger Post an deutsche Sparkassen und Genossenschaftsbanken sei nur als ein Symptom erwähnt.

Der europäische Gesetzgeber hat sich bewusst für eine indirekte Aufsicht der kleineren und mittleren, systemisch nicht relevanten Institute entschieden. Der EZB kommen im Wesentlichen Eingriffsrechte zu. Es wird wichtig sein, dass dieser Grundsatz auch in der Zukunft an erster Stelle steht.

Bezüglich des SREP ist von hoher Bedeutung, dass eine vergleichsweise pauschale Übertragung der aufwendigen Methodik für die direkt beaufsichtigten Banken eine Überforderung wäre und dem Grundsatz der Proportionalität widersprechen würde.

Dies umfasst auch die Fragestellung, ob aus einem Massenprozess mit mehreren hundert Banken wirklich individuelle SREP-Kapitalquoten festgelegt werden können und sollten. Es könnte sich als sinnvoll erweisen, das Instrument des Kapitalaufschlages im Bereich der Regionalbanken – wie bisher – in besonderen Ausnahmesituationen und nicht flächendeckend einzusetzen.

In diesem Zusammenhang besteht auch die Befürchtung, dass der SREP-Prozess eine faktische Einführung der IFRS-Rechnungslegung (z. B. über die FINREP-Logik) nach sich zieht. Jüngste Verlautbarungen seitens des SSM geben den kleineren Instituten Anlass zur Hoffnung.

Darüber hinaus ist festzuhalten, dass die Pilotierung des SREP für kleinere Banken mit der Diskussionen um die Berücksichtigung von Zinsänderungsrisiken im

Bankbuch zeitlich zusammenfällt. Hierbei ist geplant, die ansetzbare Verweildauer von Einlagen – in Teilen entgegen vorliegender empirischer Belege – zu verkürzen.

Gerade die Genossenschaftsbanken und Sparkassen sind durch eine Veränderung der aufsichtlichen Maßstäbe in diesem Bereich besonders betroffen, da sie ein traditionelles einlagen- und kreditbasiertes regionales Geschäftsmodell verfolgen. Hier ist sicherlich eine Einführung mit Augenmaß geboten.

Zusammenfassend treibt die kleineren Banken die Besorgnis eines „Too small to comply". Das heißt, dass während der Regulator auf der einen Seite ein vielfältiges Bankensystem fordert, er auf der anderen Seite administrative (Berichts-) Anforderungen stellen könnte, die für kleine Institute schlicht nicht bewältigbar sind.

Die durchschnittliche Genossenschaftsbank in Deutschland hat ca. 150 Mitarbeiter. Je kleiner das Institut, desto höher ist die anteilige regulatorische Fixkostenbelastung. Ein Studie des House of Finance weist beispielsweise nach, dass das Vorstandsgremium kleinerer Banken mit einer Bilanzsumme von weniger als 100 Millionen Euro inzwischen mehr als ein Drittel seiner Zeit für regulatorische Fragen einzusetzen hat.

An dieser Stelle wäre der Gedanke der Tragfähigkeit zielführend. Eine Anregung in Richtung der Bankenaufsicht wäre, dass wesentliche regulatorischen Berichtsanforderungen in kleineren Banken mit einer spezifischen (überschaubaren) Mitarbeiterkapazität abgedeckt werden können. Sofern es neue Anforderungen gibt, sind andere zu streichen. Das wäre eine Bürokratie-Bremse im besten Sinne.

Ich habe in meinem Beitrag Beobachtungen aus einem intensiven Austausch mit der Bankenaufsicht und in Praktiker-Kreisen in den letzten Jahren geschildert.

Hierbei durften wir – auch in dem bereits erwähnten Fusionsprojekt – den SSM als eine zuhörende und konstruktive Institution erleben.

Möglicherweise werden die von meiner Seite dargestellten Anregungen auf fruchtbaren Boden fallen und einen kleinen Beitrag zur Fortentwicklung der Bankenaufsicht in den nächsten Jahren leisten.

Kapitel 3

Banken zwischen Innovation und Regulatorik

Podiumsdiskussion

Mag. Helmut Ettl

Vorstandsdirektor
FMA Österreichische Finanzmarktaufsicht

Martin Krebs

Global Head of Retail Investment Products Solutions
ING Group

Philipp Otto | ***Isabel Schnabel***

Banken zwischen Innovation und Regulatorik

Dr. Andreas Martin

Mitglied des Vorstandes
Bundesverband der Deutschen Volksbanken und Raiffeisenbanken e.V. (BVR)

Prof. Dr. Isabel Schnabel

Professorin für Finanzmarktökonomie
Rheinische Friedrich-Wilhelms-Universität Bonn

Philipp Otto

Moderator
Zeitschrift für das gesamte Kreditwesen

Helmut Ettl | ***Andreas Martin*** | ***Martin Krebs***

Podiumsdiskussion

Banken zwischen Innovation und Regulatorik

Herr Otto

Frau Schnabel, unser Thema lautet „Banken zwischen Innovation und Regulatorik". Wenn ich aber das Spannungsfeld anschaue, in dem sich die Kreditwirtschaft dieser Tage bewegen muss, umschreibt das Thema Innovation und Regulatorik die Nöte ausreichend oder gibt es nicht noch viel mehr Herausforderungen, Bedrohungen für die Kreditwirtschaft, die wir natürlich auch bei dem Thema Innovation und Regulatorik berücksichtigen müssen?

Frau Schnabel

Da haben Sie vollkommen recht. Dennoch würde ich sagen, das Thema ist sehr gut gewählt, denn es beschreibt die zwei großen strukturellen Veränderungen, denen die Banken sich gegenübersehen. Das ist zum einen der Wettbewerb durch neue, innovative, sehr stark technologiebasierte Firmen. Dieser Wettbewerb ist zurzeit vielleicht noch nicht ganz so spürbar, weil die Newcomer noch zu klein sind. Aber es ist klar, dass sich das weiterentwickeln wird und dass daraus irgendwann ernst zu nehmende Wettbewerber für die Banken entstehen. Das zweite große Thema ist die Regulatorik, damit haben wir uns ja heute Morgen schon ausführlich beschäftigt. Wir könnten sicherlich lange darüber streiten, ob jetzt zu viel oder zu wenig reguliert wird, aber es ist unstrittig, dass die Regulierungskosten in den vergangenen Jahren massiv gestiegen sind. Das hat natürlich Auswirkungen auf die Ertragslage und das ist etwas, was sich so schnell auch nicht wieder ändern wird. Es ist nicht abzusehen, dass die Regulierung deutlich zurückgefahren wird. Beide Entwicklungen beeinflussen die Geschäftsmodelle von Banken sehr stark.

Hinzu kommt, was Sie in Ihrer Frage schon angedeutet haben, ein sehr schwieriges makroökonomisches Umfeld, da denke ich in allererster Linie an die Niedrigzinsphase. Auch die wird einen immer stärkeren Einfluss auf die Ertragslage der Banken haben. Eine große Gefahr besteht darin, dass die Banken sich zu stark auf diese akuten Probleme konzentrieren, anstatt sich stärker mit den langfristigen Bedrohungen des Geschäftsmodells auseinanderzusetzen, davor möchte ich warnen. Es ist zu beispielsweise zu beobachten, dass die Institute auf den Rückgang der Zinserträge mit Anhebung der Gebühren reagieren. Doch gerade in dem Standarddienstleistungsbereich wie dem Zahlungsverkehr konkurriert man mit den neuen Unternehmen, die viel schlanker und effizienter aufgestellt sind, und die Banken müssen aufpassen, hier keine Marktanteile zu verlieren.

Herr Otto

Herr Martin, ist die deutsche Bankenlandschaft insgesamt zu schwerfällig, was das Thema „Veränderung" angeht? In anderen Ländern ist man sehr viel offener, sehr viel fortschrittlicher und probiert mehr Dinge aus, auch wenn diese nicht immer zum Erfolg führen.

Herr Martin

Man kann natürlich darüber streiten, ob die Innovationskultur in Deutschland und im deutschen Bankenwesen schlechter ist als in anderen Volkswirtschaften. Dabei darf man aber die Ausgangslage, die Kundensicht und die Risikokultur nicht vergessen. Der deutsche Bankkunde ist einerseits im europäischen Vergleich sehr gut mit Bankleistungen versorgt, andererseits lässt er sich nicht gern auf Experimente ein. Im Übrigen hatte es auch die deutsche Aufsichtskultur stets zum Ziel, Risiken und gerade operationelle Risiken, wenn ich an das Konto und den Zahlungsverkehr denke, eng zu monitoren.

Nichtsdestotrotz ist die Kreditwirtschaft aufgefordert, sich agiler zu bewegen. Dieser Kulturwandel hin zu einer ausgeprägteren Wagnisbereitschaft bei Innovationen ist im deutschen Bankenmarkt insgesamt und gerade auch in der Gruppe der Kreditgenossenschaften in vollem Gange. Viel hängt von einer guten Zusammenarbeit der Institute mit ihrem IT-Dienstleister ab. Man darf sich dabei aber nicht operativ verrennen, denn am Ende zählt es, die Idee als Produkt auch zum Kunden zu bringen und diesem damit einen Mehrwert zu bieten. Sind Banken dafür auf Fintechs angewiesen? Ich meine nein, es muss schon Anspruch der Kreditwirtschaft sein, innovative Dienstleistungen selbst in den Markt bringen zu können.

Herr Otto

Aber, da Sie gerade Ihre eigene Gruppe, die Kreditgenossenschaften ansprechen, tun sich Verbünde mit Innovationen nicht generell etwas schwerer? Wer hat die Innovationsverantwortung? Liegt die bei den Ortsbanken selbst, bei den Verbundinstituten, bei den Verbänden?

Herr Martin

Sie sprechen es an: Es ist das Spezifikum einer Verbundgruppe mit entsprechend spezialisierten Unternehmen, Innovationsverantwortung an vielen Stellen zu leben. Die Diskussion, die wir innerhalb der gesamten Organisation und auch in den Gremien des BVR führen, zielt darauf ab, beim Thema Innovationsverantwortung gerade auch die Primärinstitute zu adressieren. Diese haben den Kontakt zum Kunden und diese sind es letztlich auch, die ihre Erwartungen und Anforderungen an die zentralen Dienstleister und Partner formulieren, heißen diese nun Rechenzentrale, DZ Bank, Bausparkasse Schwäbisch Hall oder BVR.

Innovation darf nicht an bestimmten Stellen nur verwaltet werden, denn das birgt immer die Gefahr, dass sich einige zurücklehnen und Kreativität eher erstickt wird. Es gilt, eine Innovationskultur in der Gruppe so zu verankern, dass überall in allen Institutionen eine Verantwortung für das Thema besteht, gleichzeitig aber auch einen Prozess zu organisieren, der Doppelarbeiten vermeidet und der auch vermeidet, dass bestimmte Themen durchs Raster fallen. Das ist eine klassische Aufgabe der Verbände. Der BVR hat hierfür gerade ein neues Gremium geschaffen. Über einen Innovationsradar verschaffen wir uns mit allen beteiligten Institutionen einen Überblick, identifizieren die Ideen, die innerhalb in der Gruppe in der Pipeline sind, können deren Werdegang nachverfolgen und auch den Banken einen Überblick geben, was auf sie zukommt.

Herr Otto

Herr Krebs, bei Frau Schnabel und auch bei Herrn Martin fällt bei dem Wort „Innovation" im Moment sehr schnell der Begriff „Fintech". Über was reden wir denn eigentlich, wenn wir über Innovation reden? Ist es wirklich nur die Bedrohung durch Fintechs oder muss man nicht sehr viel weiter denken?

Herr Krebs

Innovation bei Banken ist im Wesentlichen die Nutzbarmachung von Technik und von Datennetzen, um für mehr Effizienz und für höhere Convenience für die Kunden zu sorgen. Das hat mal angefangen mit der internen Optimierung der Prozesse, von der der Kunde noch gar nichts gemerkt hat. Dann kam der Geldautomat, da musste zum ersten Mal eine PIN eingeben werden. Es folgten die Festnetze mit Datenverfügbarkeit über Homebanking und jetzt das Mobilbanking. Und letztendlich ist Innovation immer auch ein Wettlauf, wer den Kunden am schnellsten begeistern kann.

Herr Otto

Sprich Erfolg hängt heute auch für eine Direktbank nicht mehr allein vom Preis ab, was ja lange Jahre so war, sondern zunehmend auch vom Kundennutzen?

Herr Krebs

Genau. Als ich Ende der 90er-Jahre in die Branche eingestiegen bin, war das im Prinzip nur ein Preiswettbewerb. Es ging nur um günstigere, bessere Konditionen auf der Wertpapierseite und günstigere, bessere Konditionen auf der Zinsseite. Heute ist es nicht mehr primär das Preisthema, das natürlich immer noch eine gewisse Rolle spielt. Aber die weichen Faktoren der Convenience haben spürbar an Bedeutung gewonnen. Bankaufgaben machen den Kunden in den seltensten Fällen Spaß, sind lästig. Es geht nun darum, wer ihm die Bewältigung am einfachsten macht. Ohne Terminvereinbarung Bankgeschäfte erledigen zu jeder Zeit und an jedem Ort, das ist das Ziel. Und wenn es dann noch gelingt, dem Kunden Dinge proaktiv tatsächlich abzunehmen, dann ist das für mich echte Innovation mit echtem Mehrwert.

Herr Otto

Herr Ettl, Herr Martin hat schon angesprochen, auch die Regulierung spielt eine Rolle bei der mangelnden Innovationsbereitschaft. Sie als Aufseher sind also innovationshemmend. Welche Rolle könnten, sollten, müssten Sie spielen im Sinne eines stabilen Finanzsystems, welches den Anforderungen der heutigen Zeit gerecht wird?

Herr Ettl

Ganz grundsätzlich empfinde ich es als großen Fortschritt, dass hier und heute über Innovation und Banken gesprochen wird. Denn Kreditwirtschaft wie Aufsicht müssen aus dem Jammertal, in dem sie seit 2007/2008 verharren, herauskommen, nicht nur rückwärtsgewandt denken, sondern nach vorn schauen und versuchen, die Dinge zum Positiven hin zu verändern. Es bleibt eigentlich gar nichts anderes übrig, denn sowohl Banken als auch Aufseher müssen sich mit den neuen Entwicklungen beschäftigen.

Regulatoren schauen, was soll beaufsichtigt werden, was soll reguliert werden, um bestimmte Risiken zu vermeiden. Das heißt, ein Regulator ist prinzipiell eher auf der Risiko vermeidenden Seite. Daher ist natürlich die Begegnung von Fintechs und von neuen Ideen mit Aufsicht und Regulierung ein durchaus spannungsgeladener Prozess. Dieser Prozess muss richtig gestaltet werden. Innovation ist etwas, was in der Geschichte noch nicht vorgekommen ist und was daher schwer einzuschätzen ist. Man muss dem Ganzen ausreichend Raum lassen, man muss auch schöpferische Zerstörung zulassen, ohne dass daraus aber ein neues, großes Problem erwächst. Das heißt nicht, dass die Aufsicht die Entwicklung von Innovationen oder im diesem speziellen Fall Fintechs fördern muss. Aufsicht muss neutral sein, positiv neutral möchte ich es nennen. Das heißt neutral nicht im Sinne von „im Zweifel verhindern", sondern versuchen, das Ganze zu überblicken und vor allem zu verstehen.

Denn Verstehen ist die zweite große Herausforderung. Wir haben in der Vergangenheit verschiedene Innovationen nicht verstanden. Ich kann mich noch erinnern, wie namhafte Aufseher und berühmte Banker 2008 feststellen mussten, dass sie nie verstanden haben, was in den Verbriefungen, den CDS und Subprimes aus Amerika wirklich drinsteckte. Das sollte uns allen eine Lehre sein. Wir sollten uns nicht von vermeintlichen Experten und feinem Marketingvokabular ins Bockshorn jagen lassen, sondern selbst genau hinschauen und versuchen, die Dinge so gut wie möglich zu verstehen. Ein durchschnittlich intelligenter Geschäftsleiter sollte einem durchschnittlich intelligenten Aufseher erklären können, was hier gerade passiert. Der Aufseher sollte es verstehen und hier auch entsprechende Maßnahmen in seiner Organisation dafür treffen können.

Frau Schnabel

Der Punkt, dass die Regulierung die Innovation nicht verhindern darf, ist in der Tat ganz wichtig. Häufig wird Innovation, werden Fintechs nur als Bedrohung der klassischen Banken betrachtet. Aber in Wirklichkeit ist dies doch eine riesige Chance. Angesichts der angespannten Ertragslage können Innovationen helfen, Kosten zu senken.

Auf der anderen Seite muss man natürlich sehen, dass potenziell neue Risiken entstehen können. Hier ist die Aufsicht gefragt. Mich beunruhigt es, wenn ich sehe, dass Firmen wie „Lending Club" letztlich doch wieder nur ein Ausgangspunkt für bestimmte Verbriefungsstrukturen mit ähnlichen Anreizsystemen wie bei der Subprime-Krise sind. Diese Gefahr droht immer dann, wenn derjenige, der den Kredit vergibt, gar nicht genau hinschauen muss, weil er das Risiko sowieso nicht trägt. An solchen Stellen ist die Regulierung gefragt.

Herr Otto

Herr Ettl, Sie sagten gerade, es darf keine Sandkastenregulierung, keine Bevorzugung von Start-ups geben. Aber Sie können doch auch nur beaufsichtigen, was sich in einem regulierten Markt bewegt. Wie ist dieser regulierte Markt definiert? Wie sieht die Aufsichtspraxis tatsächlich aus?

Herr Ettl

Es stimmt natürlich, dass Regulierung erst in einem regulierten Markt ausgeübt werden kann und darf. Das heißt aber nicht, dass gar keine Überwachung stattfindet. Der ganze Bereich der Fintechs bewegt sich in einem sehr breiten Netz an Vorschriften. Es ist nicht nur die klassische Bankenaufsicht involviert, vielmehr auch die Wohlverhaltensaufsicht, die Marktaufsicht, die Aufsicht über den Zahlungsverkehr.

Gegenwärtig ist das noch ein sich gegenseitig befruchtender Lernprozess. Die meisten Aufseher verfolgen die Entwicklungen sehr aufmerksam in Hinblick auf eventuelles Gefahrenpotential. Im Gegenzug kommen viele Fintechs auf die Aufsichtsbehörden zu und stellen ihre Systeme und Modelle vor. Die meisten von ihnen haben kein Interesse, mit der Regulierung in Konflikt zu kommen. Aber ihnen steht nicht die geballte Kraft teurer juristischer Beratung zur Verfügung. Die Regulierungsdichte im Finanzsektor stellt objektiv eine Zugangsbarriere dar, die für kleinere Firmen eine riesige Herausforderung darstellt.

Auf der anderen Seite muss man als Aufseher genau beobachten, ob neue Felder entstehen, in denen Regulierung notwendig ist. Man sollte nicht ad hoc immer sofort sagen, Regulierung ist notwendig. Man muss sich genau überlegen, was lässt man zu und wo lässt man Entwicklungen offen. Zum Beispiel bei Cryptomoney und bei Bitcoin besteht Konsens, nicht mit der schweren Regulierung aufzufahren. Allerdings, auch das ist Konsens, müssen die Handelsplätze natürlich gegen Geldwäscheaktivitäten abgesichert werden. Die dort tätigen Unternehmen müssen dementsprechend auch Verantwortung übernehmen.

Herr Otto

Herr Krebs, warum empfinden Banken Fintechs als vermeintlich so große Bedrohung?

Herr Krebs

Ich glaube, das ist medial aufgebauscht. Und kein Banker wird sich hinstellen und sagen: Die kommen eh nicht weit. Das wäre arrogant. Fakt ist, wir alle aus der Kreditwirtschaft beobachten die Entwicklungen sehr aufmerksam und suchen das Gespräch. Im Gegenzug suchen auch viele der neuen Wettbewerber den Dialog mit den Banken.

Fintechs sind keine Banken, auch aufsichtsrechtlich nicht, Herr Ettl, sondern letztlich im Umfeld von Finanzdienstleistern aktiv. Sie versuchen sich irgendwo in der Wertschöpfungskette, idealerweise nicht als Bank reguliert, ihr Plätzchen zu suchen. An der Schnittstelle zwischen Bank und Kunden greifen die Banken schon seit fünfzig Jahren auf Dienstleister zurück und sourcen Aufgaben aus. Ist SAP der Vorläufer der Fintechs?

Wir Banken, da kann ich glaube ich für uns alle sprechen, haben keine Angst vor den neuen Entwicklungen. Allerdings spüren wir, dass wir aufgrund unserer Organisation und unserer Größe zu langsam und zu schwerfällig sind und dass das Reputationsrisiko als zusätzlich hemmender Faktor hinzukommt. Hier bieten sich Kooperationen mit Fintechs bis hin zum Kauf solcher Unternehmen an. Das ist als Exit-Variante übrigens gar nicht so unbeliebt bei den Newcomern. So kann und wird die Kreditwirtschaft von den Vorteilen der Fintechs wie Schnelligkeit, Kreativität, geringere Komplexität und weniger Belastung durch die Aufsicht profitieren.

Herr Otto

Schnelle Nachfrage zum Stichwort Reputationsrisiken: Können sich Banken weniger erlauben als Fintechs?

Herr Krebs

Eindeutig ja, denn sie haben viel mehr zu verlieren. Mit Blick auf die Sicherheit der Kunden und der Kundengelder wird bei Banken sehr viel strenger hingeschaut, völlig zu Recht übrigens, und wenn etwas schiefgeht, findet das eine völlig andere mediale Aufmerksamkeit als bei einem Fintech, der das Gleiche macht beziehungsweise dem das Gleiche widerfährt. Fintechs dürfen Dinge ausprobieren und scheitern. Das ist bei Banken deutlich schwieriger. Aber das ist völlig in Ordnung so, da habe ich nichts dagegen.

Herr Otto

Herr Martin, Angst vor Fintechs?

Herr Martin

Unabhängig von den Ursachen der Wahrnehmung würde mir als Ergebnis nicht gefallen, wenn in der Öffentlichkeit und vor allem bei den Kunden der Eindruck entstehen würde, die Banken sind für die Umsetzung von Regulierungen zuständig und die Fintechs für die Umsetzung von Innovationen. Das wäre eine extrem ungünstige Wahrnehmung und Arbeitsteilung. Insoweit ist ganz wichtig, dass Banken diesen eigenen Innovationsanspruch auch formulieren. Und natürlich üben wir uns auch in unserer Gruppe, beispielsweise über die DZ Bank, in Dialogen mit Fintechs und mit Inkubatoren.

Heute Vormittag ist der Begriff Level Playing Field schon einmal gefallen. Ich weiß, dass die Umsetzung in Grauzonen durchaus schwierig sein kann. Aber wenn im Meldewesen bestimmte Anforderungen definiert werden, dann kann ich mir nicht vorstellen, dass man diese nur deshalb nicht erfüllen muss, weil man eine Plattform ist. Entweder es gibt den Bedarf, bestimmte Informationen zu erheben, oder es gibt ihn nicht. Auch im Bereich der betrieblichen Auslagerung kann es natürlich nicht sein, dass eigene Dienstleister der Kreditwirtschaft aufsichtlich ein wesentliches Auslagerungsverhältnis begründen, Fintechs aber außerhalb dieser Einstufung gesehen werden. Es ist eine große Herausforderung, Gleiches dann auch tatsächlich gleich zu behandeln.

Herr Otto

Herr Ettl, da komme ich natürlich nicht umhin, Sie um die Antwort zu bitten, ob das gelingt.

Herr Ettl

Ob es gelingt, wird die Zukunft weisen. Wir Aufseher bemühen uns um die gleiche Behandlung von gleichen Vorgängen. Dazu sind wir verpflichtet. Ich halte wenig davon, für Fintechs das regulatorische Niveau abzusenken, auch wenn manche Länder in diese Richtung tendieren. Ich bin da eher skeptisch. Wenn Wettbewerb und Regulatorik vermischt werden, führt das zu einem Wettbewerb in der Regulatorik nach unten. Über die Folgen wissen wir aufgrund der Erfahrungen in der jüngsten Vergangenheit Bescheid.

Eine Schwierigkeit ist, Herr Martin hat die Grauzonen bereits angesprochen, das Level Playing Field wirklich herzustellen. Es bestehen viele Grauzonen und viele Abgrenzungsfragen. Die meisten der Entwicklungen gerade sind neu, da gibt es keinerlei Erfahrungswerte. Ich glaube nicht, und das wiederhole ich an dieser Stelle noch einmal, dass die Aufsicht sofort alles untersagen sollte. Eine der Hauptaufgaben der Aufsicht ist es gegenwärtig, sich möglichst rasch ein möglichst gutes Bild zu verschaffen, was hinter bestimmten Entwicklungen, hinter bestimmten Unternehmen steckt, um dann gegebenenfalls einschreiten zu können. Und es gibt ja Aufsicht auch für Fintechs. Ich darf ein Beispiel nennnen. Bei einem neu gegründete Peer-to-peer-lending-System ist die österreichische Finanzmarktaufsichtsbehörde rasch eingeschritten, obwohl gegen unser Vorgehen viel öffentlicher Widerstand mobilisiert wurde. Es hat sich herausgestellt, dass hinter all dem kriminelle Machenschaften steckten. Das zeigt: Aufsicht muss schnell agieren wenn Unternehmen unter dem Deckmantel von innovativen Geschäftsmodellen bestimmte Grenzen überschreiten.

Herr Otto

Ich darf ganz konkret nochmal die zwei Punkte nachfragen, die Herr Martin angesprochen hat: Warum ist es gerechtfertigt, dass Plattformen keine Meldepflichten erfüllen müssen? Zweitens, wenn eine Bank ein Fintech andockt, erfüllt das dann den Outsourcing-Tatbestand oder nicht?

Herr Ettl

Zum Outsourcing: Wenn eine Dienstleistung ausgelagert wird, beispielsweise auf ein Fintech, dann ist die Bank als Lizenzträger weiter für die outgesourcten Aktivitäten verantwortlich. Die Outsourcingverträge müssen auch dementsprechend gestaltet sein. Der für eine laufende behördliche Aufsicht notwendige Zugang zu den outgesourcten Einheiten muß jederzeit gewährleistet sein. Zugegebenermaßen gibt es in den einzelnen EU-Mitgliedsländern trotz einheitlicher Regeln unterschiedliche Auslegungspraxen. Outsourcing ist eines jener „Wachstums"-Themen, der sich die europäische Diskussion eingehender widmen sollte.

Herr Otto

Und das Internet macht an Grenzen keinen Halt … befürchten Sie neue Möglichkeiten der Aufsichtsarbitrage?

Herr Ettl

Das Internet macht an Grenzen keinen Halt. Nur ein Beispiel: In Österreich gibt es bislang keine Möglichkeit der Videolegitimation, in Deutschland dagegen schon. Deutsche Banken setzen diese Methoden ein, mitunter auch mit Unterstützung österreichischer Fintechs, mit dem Ergebnis, dass auch österreichische Kunden angesprochen werden. Das zeigt, wie dringend es ist, bestimmte Regelungen für den gesamten Binnenmarkt zu vereinheitlichen.

Herr Otto

Frau Schnabel dazu.

Frau Schnabel

Die Vertreter der Banken legen immer sehr viel Wert darauf, dass das Level Playing Field gewahrt bleibt. Das ist ein legitimes Anliegen. Aber es schützt die Banken natürlich auch, denn die Regulierung ist eine Markteintrittsbarriere für die neuen Unternehmen. Allerdings wird dieser Schutz für die etablierten Spieler nicht von Dauer sein, denn ich gehe davon aus, dass sich die neuen Wettbewerber mit der Regulierung auseinandersetzen werden und es ihnen gelingen wird, auch damit sehr effizient umzugehen. Ich warne die Banken davor zu glauben, es reiche aus, sich auf das regulierte Geschäft zu konzentrieren, da die Fintechs dort vermeintlich nicht hinwollen. Es gibt heute schon erste Hinweise dafür, dass diese innovativen Unternehmen stärker in das regulierte Geschäft eindringen.

Herr Otto

Heißt das auch, Banken werden vom Markt verschwinden, weil sie diesem Wettbewerb nicht mehr gewachsen sind?

Frau Schnabel

Einige vielleicht, wenn es denn zugelassen wird. Denn bislang wurde stets die Strategie verfolgt, dass Banken nicht untergehen dürfen. Inzwischen wurde zumindest auf dem Papier die Philosophie geändert und Banken dürfen auch scheitern. Das ist meines Erachtens auch richtig. Denn es können nicht immer neue Marktteilnehmer in einen Markt eintreten, ohne dass andere Spieler ausscheiden. Der Druck auf die Ertragslage ist heute schon enorm, das wird durch den verschärften Wettbewerb nicht besser.

Herr Otto

Herr Martin, Herr Krebs, Stichwort Leyel Playing Field: Wo fühlen Sie sich als Banken konkret benachteiligt, was Regulierung, was Rahmenbedingungen et cetera angeht? Haben Sie konkrete Beispiele für mich?

Herr Martin

Nehmen wir mal den Zahlungsverkehr. Bei der Regulierung der Interbanken-Entgelte sind Unternehmen wie American Express, also Drei-Parteien-Modelle, ebenso wie Paypal nicht in gleicher Weise erfasst. Da muss man natürlich die Frage stellen, was sind die Gründe? Sind es die geografischen Einsatzbereiche von Regulierung, die dafür sorgen, dass manche Unternehmen erfasst sind, andere nicht, sind es bestimmte Arten von Geschäftsmodellen, die anders behandelt werden und dadurch wirtschaftliche Vorteile haben? Das ist nur ein Beispiel aus einem speziellen Markt, aber es zeigt, wie genau der europäische Regulator immer wieder hinschauen und überprüfen muss, ob die Vorschriften den gewünschten Zweck auch erfüllen.

Herr Otto

Herr Krebs.

Herr Krebs

Auch ich würde ein Beispiel aus dem Zahlungsverkehr wählen. In Holland haben es die Banken rechtzeitig geschafft, ein eigenes Zahlungssystem für Internetzahlungen zu etablieren, iDeal. Die Folge ist: Paypal spielt in Holland keine Rolle. In Deutschland haben die Banken einerseits zu spät damit angefangen, einen Wettbewerber zu Paypal aufzubauen und mussten dabei noch mit erheblichen Herausforderungen beispielsweise seitens des Kartellamtes ringen. Kann man diesen Kampf gegen einen Quasimonopolisten gewinnen, in einen Umfeld voll von Vorschriften, die man beachten muss, und der zusätzlichen Schwierigkeit, dass sich drei große Bankengruppen auf ein System einigen müssen?

Herr Otto

Dazu kann aber weder Paypal noch der Regulierer etwas.

Herr Krebs

Es ist kein aufsichtsrechtliches Thema, da gebe ich Ihnen recht. Aber es zeigt, wie schwierig es für uns Banken mitunter aufgrund von rechtlichen und vielleicht auch politischen Gegebenheiten ist, gegen solche globalen Akteure zu bestehen.

Herr Otto

Frau Schnabel, ein ganz anderes Stichwort: Mit dem Thema Innovation und Regulierung hängt natürlich sehr stark das Thema IT zusammen. Herr Cryan bezeichnete im vergangenen Jahr 35 Prozent der IT der Deutschen Bank als veraltet. Wie kann das sein? Gerade die IT muss doch Herzstück der Entwicklung sein, wenn man im Wettbewerb mit den neuen Angreifern bestehen will. Warum pflegen Banken ihre IT so schlecht?

Frau Schnabel

Ich bin keine IT-Expertin, aber ich glaube, das Problem ist, dass die IT-Systeme über viele Jahre gewachsen sind, denn sie mussten mit den ganzen Anforderungen, die an sie gestellt wurden, Schritt halten. Dabei entstehen dann eben Systeme, die nicht mehr so schlank sind und so transparent, wie man es gerne hätte und man es bräuchte. Neue Marktteilnehmer haben den Vorteil, bei null anfangen zu können. Für die Banken ist es meines Erachtens sehr schwierig, diese Riesen-IT, die in Teilen intransparent und veraltet ist, auf ein komplett neues System umzustellen.

Herr Martin

An dieser Stelle würde ich dann doch widersprechen. Die IT ist von den Banken selbst und ihren IT-Dienstleistern immer mit hohem Aufwand weiterentwickelt worden. Man muss für die Banken-IT insgesamt eine Lanze brechen. Angesichts der enormen Herausforderungen funktionieren die Systeme sehr gut und sehr sicher. Allerdings kommt aktuell aus zwei Richtungen enormer Druck auf die Systeme zu. Das sind auf der einen Seite die regulatorischen Vorschriften, die hohe Anforderungen an Schnelligkeit und Datentransparenz gerade im Meldewesen stellen. Auf der anderen Seite ist es marktgetrieben die erforderliche Umsetzung von Innovationen. Wir haben im Moment einen in dieser Form nie dagewesenen Druck auf die IT. Und das in Zeiten sehr niedriger Zinsen und zurückgehender Erträge. Aber die Institute stellen sich dieser Problematik durchaus.

Herr Otto

Habe ich es richtig rausgehört, dass die IT ein Stück weit ein begrenzender Faktor ist in dem Sinne, dass ich mich irgendwie entscheiden muss, mache ich erst Regulatorik oder erst Innovation, weil beides zusammen schafft die Technik nicht?

Herr Martin

Begrenzender Faktor ja, ganz richtig verstanden. Aber ich glaube nicht, dass es die von Ihnen dargestellte Alternative entweder/oder gibt. Banken müssen sowohl die regulatorischen Anforderungen erfüllen als auch Innovationen entwickeln und an den Markt bringen. Viel hängt von der richtigen Priorisierung ab.

Herr Krebs

Hinzu kommen die erforderlichen Investitionen als begrenzender Faktor, denn angesichts des Ertragsdrucks können nicht unendlich viele neue Kosten produziert werden.

Herr Otto

Herr Ettl, Aufseher sind nicht für Strukturpolitik verantwortlich. Aber durch das Schaffen von Rahmenbedingungen, durch die Anwendung von Regulatorik kann Aufsicht auch schnell zur Gefahr für Strukturen werden. Wie kann man das vermeiden?

Herr Ettl

Indem man Aufsicht aktiv gestaltet.

Herr Otto

Das müssen Sie mir genauer erklären, bitte.

Herr Ettl

Die Aufsicht muss sich der Wirkung ihres Tuns bewusst sein und dann gegebenenfalls Korrekturmaßnahmen setzen. Beispiel Bankenregulierung: werden alle Vorschriften in ihrer Dichte und Komplexität auf alle Kreditinstitute unabhängig von ihrer Größe angewendet, wird dies den Konzentrationsprozess weiter beschleunigen. Ich vertrete hier einen klaren Standpunkt. Es kann nicht Sinn unserer Postfinanzkrisenaufsicht sein, noch gewaltigere Risikokonzentrationen zu schaffen. Die Aufsichtsbehörden müssen die Regulierung proportional anwenden. Mir schwebt hier ein stärkerer Abtausch vor in die Richtung denkend: für kleine Kreditinstitute geringere Regulierungskomplexität gegen höhere Eigenmittel.

Herr Otto

Anwendung immer weiterer Regelungen, Vermeidung von strukturellen Veränderungen, gleichzeitig das Spannungsfeld zwischen Innovationen, Innovationsfreiräumen und der Aufsicht – wie gelingt es Ihnen da, den Überblick zu behalten?

Herr Ettl

Idealerweise in einem vertieften Kommunikationsprozess zwischen den Aufsichtsbehörden und den betroffenen Instituten. Dieser Kommunikationsprozess läuft keineswegs immer konfliktfrei ab. Es gibt viele legitime Interessen die zu berücksichtigen sind, von der Effizienz-Seite, von der technischen Seite, vonseiten der Sicherheit. Ein Bild ist mir in diesem Zusammenhang aber sehr wichtig. Die ultimativen Entscheidungen sollen am Ende von Menschen und nicht von den Maschinen getroffen werden.

Herr Otto

Also, so richtig zu beneiden sind Sie nicht: Auf der einen Seite viele neue Entwicklungen, auf der anderen Seite müssen Sie noch alles erklären, was Sie tun und schuld sind Sie sowieso immer.

Herr Ettl

Die klare Zuteilung in der Schuldfrage ist eine sichere Konstante.

Herr Otto

Frau Schnabel, meine Herren, eine letzte Frage an Sie alle. Diese Schlussfrage heißt: Wettbewerbsfähigkeit der Kreditwirtschaft. Müssen Banken Angst vor Fintechs haben, müssen sie es nicht? Was sind Pfunde, mit denen die Kreditwirtschaft wuchern kann? Frau Schnabel, darf ich mit Ihnen beginnen?

Frau Schnabel

Zum einen haben die Banken die Kundenbindung. Zum anderen genießen sie ein größeres Vertrauen als ein Start-up, das gerade auf den Markt kommt. Und, was nicht zu unterschätzen ist, sie haben Erfahrung mit der bestehenden Regulierung über Jahrzehnte hinweg. All das sind gute Argumente für die etablierten Banken. Aber diese, nennen wir es ruhig Wettbewerbsvorteile, sind nicht in Stein gemeißelt. Kundenbindung kann sich verändern. Vielleicht ist bei jungen Menschen bald schon das Vertrauen in eine große Internetfirma größer als in eine Bank, die permanent Negativschlagzeilen produziert. Und wie ich schon ausführte, neue Spieler, die sich einen Platz im Bankenmarkt erkämpfen wollen, werden auch lernen, mit Regulierung umzugehen. Insofern gibt es viel zu tun. Die klassischen Geschäftsmodelle werden so auf Dauer nicht tragen, die Kreditinstitute können sich nicht auf dem ausruhen, was sie erreicht haben, sondern müssen in die Zukunft blicken.

Herr Otto

Herr Ettl, der Blick der Aufsicht auf die Pfunde der Banken bitte?

Herr Ettl

Die Banken haben über Jahrzehnte gut verdient. Aktuell befindet sich die gesamte Industrie in einem Prozess, wo sie stärker auf die Kosten schauen muss. Das ist nichts Neues, in diesem Prozess befinden wir uns schon einige Jahre und manche sind schon weiter fortgeschritten, andere haben noch Potenzial zu heben. Am Ende des Tages wird es Bankdienstleistungen, das Banking immer geben. Ob es dann auch die einzelne Bank immer noch gibt, ist offen. Vor wenigen Jahren war Fotografie ohne Kodak undenkbar. Mit der Digitalisierung gibt es immer noch die Fotografie, Kodak allerdings ist Geschichte. Um Zukunft zu haben, müssen sich Banken verändern. Die Kunst der Innovation ist, Innovation so anzulegen, dass Kunden, das Unternehmen und die Gesellschaft insgesamt profitieren.

Herr Otto

Herr Martin, spielt das Thema Kundenbindung, das Thema regionaler Markt in Zeiten von Big Data und von Internet noch die gleiche Rolle wie früher? Ist das das Pfund, auf das die Volks- und Raiffeisenbanken vertrauen können?

Herr Martin

Die Präsenz vor Ort und damit die Nähe zu den Kunden war zweifelsohne ein Erfolgsfaktor der vergangenen sechs bis sieben Jahre. Die Genossenschaftsbanken haben in allen Geschäftsfeldern Marktanteile gewonnen. Jedes Jahr entschieden sich darüber hinaus 300 000 Menschen, Mitglied einer Kreditgenossenschaft zu werden, also nicht nur Kunde, sondern auch Teilhaber der Bank. Das zeigt, wie sehr sich die Menschen mit unserem Modell identifizieren können.

Von daher glaube ich, ist die Ausgangslage richtig beschrieben. Es gibt nach wie vor eine hohe Kundenbindung und wir haben natürlich auch das Thema Grundvertrauen in Bankprozesse. Das sollte uns Banken aber nicht selbstzufrieden machen. Die Bank muss die Entwicklung mitgehen, die die Kunden machen. Wir alle merken an uns selbst, wie sehr die Digitalisierung unseren Lebensalltag und auch unser eigenes Verhalten verändert hat. Das müssen sich Banken zu eigen machen. Da spielen die Mitarbeiter, über die wir noch gar nicht gesprochen haben, eine sehr große Rolle. Diese sind die Schnittstelle zum Kunden und wissen, was der Kunde sucht. Dieses Wissen müssen wir noch besser nutzen.

Darüber hinaus muss es den Banken gelingen, kundenbezogene Prozesse ebenso wie die vielfältigen regulatorischen Anforderungen über Innovationen effizienter, also schneller und kostengünstiger zu gestalten. Damit gewinnen wir mehr Luft für den Kundendialog und dieser wird auch künftig regional sein – nicht nur in der Filiale, sondern natürlich auch im digitalen Auftritt einer Bank.

Herr Otto

Frau Schnabel, ganz schnell direkt dazu.

Frau Schnabel

Das heißt natürlich auch, wir brauchen entsprechend ausgebildete Leute. Wenn ich mir anschaue, was meine Kinder in der Schule lernen, hat das wenig mit Digitalisierung und noch weniger mit Finanzwirtschaft und ökonomischem Verständnis zu tun. Da sind andere Länder Deutschland weit voraus.

Herr Otto

Herr Krebs, welche Pfunde haben Sie, mit welchen Innovationen der ING Diba dürfen die Kollegen unten im Saal in den kommenden Monaten rechnen?

Herr Krebs

Geld ist Vertrauenssache, das ist schon gesagt worden. Als die ING vor mehr als 15 Jahren die Kontrolle über die Allgemeine Deutsche Direktbank übernahm, war die ING Diba quasi auch eine Art Fintech. Heute verfügen wir über ein sehr innovatives Geschäftsmodell und haben einen Marktanteil von rund fünf Prozent. Das zeigt, es geht. Man kann mit innovativen Ideen einen Markt aufrollen und in einem umkämpften Markt Erfolg haben, wenn man vom Kunden her denkt. Aber es ist auch kein Pappenstiel, so weit zu kommen. Dafür musste viel Kapital durch die ING aufgewendet werden. Ob alle heutigen Fintechs ebenfalls diese Unterstützung durch einen Kapitalgeber haben, weiß ich nicht. Was uns derzeit umtreibt, sind die Veränderungen auf der Kundenseite durch die

Mobiltelefone. Bankgeschäft wird dadurch noch schneller und einfacher werden müssen, das Ziel ist das „One-Klick-Shopping".

Zu guter Letzt möchte ich aber festhalten, dass ich nicht an einen Erdrutsch glaube. Banken müssen mit der Zeit gehen, müssen sich weiterentwickeln. Ich finde, das machen alle Banken in Deutschland heute schon sehr gut. Wir stellen uns auf die Digitalisierung ein, bringen neue Dinge an den Markt, und wenn wir das erfolgreich weitermachen, bleibt das gewachsene Vertrauen in Banken und ihre Dienstleistungen hoch. Von daher glaube ich nicht, dass große Veränderungen in den Strukturen stattfinden werden.

Herr Otto

Also wir werden auch nächstes Jahr noch genug Banken haben, um den Saal zu füllen. Frau Schnabel, meine Herren, der Blick auf die Uhr sagt mir, ich muss jetzt leider aufhören. Ich sage ganz herzlich Danke schön.

Kapitel 4

Baseler Überarbeitung der Marktrisiken

Dr. Torsten Kelp
Leiter des neustrukturierten
Grundsatzreferates Marktrisiken/
Zinsänderungsrisiken/Liquiditätsrisiken
Bundesanstalt für
Finanzdienstleistungsaufsicht (BaFin)

Torsten Kelp

Ausblick auf die aktuellen Baseler Arbeiten zur Reform der Marktrisiken

1. Gründe für die Überarbeitung der Handelsbuchregelungen

Im Januar 2016 hat die Trading Book Group (TBG) des Baseler Ausschusses ihre grundlegende Überarbeitung der Handelsbuchregelungen abgeschlossen (Fundamental review of the Trading Book; FRTB) und veröffentlicht. Die finalen Standards basieren auf drei Entwurfsversionen, die im Mai 2012, Oktober 2013 und Dezember 2014 konsultiert wurden. Alle bisherigen Marktrisikoansätze sowie deren wesentlichen Elemente sind wie die Handelsbuchabgrenzung oder das Risikomaß von den Änderungen betroffen.

Der Baseler Ausschuss sieht in dem FRTB eine der tragenden Säulen des Reformwerkes, mit dem Lektionen aus der Finanzkrise der Jahre 2007 bis 2008 gezogen werden.

Erhebliche Schwächen in den Baseler Kapitalvorschriften für Marktrisiken trugen dazu bei, dass die Kapitalunterlegung dieser Risiken in der Zeit vor der Krise deutlich zu gering ausgefallen war. Die teils dramatischen Verluste, die einzelne Banken während der Finanzkrise im Handel verzeichneten, waren in den Modellen allenfalls im Bereich der nicht unterlegten Randrisiken (sogenannte „Tail-Risks") abgebildet. Insofern war der Stressanteil, der im Rahmen des für den VaR definierten 99 %-Konfidenzniveaus durchaus erfasst ist, zu optimistisch abgebildet. Überdies hatten die Modelle gegenläufige Korrelationen zwischen einzelnen Anlageklassen häufig überschätzt und keinen marktweiten Stress über zahlreiche Anlageklassen eingerechnet.

Die mangelnde Kapitalunterlegung erschwerte die Glattstellung von solchen Positionen des Handelsbuches, deren Kurse stark gefallen waren. Ohnehin wurden einzelne Märkte wie jener für Verbriefungen weitgehend illiquide, so dass sich auch die den Modellen zugrunde liegende Annahme einer maximalen Haltedauer und eines eng begrenzten Liquiditätshorizonts in vielen Fällen als illusorisch erwies. Diese Situation warf ein Schlaglicht auf eine weitere Schwachstelle des alten Regelwerkes: die Abgrenzung vom Handels- zum Anlagebuch aufgrund der Handelsabsicht, die sich als ein kaum objektivierbares Kriterium erwies.

Je höher der Anteil an zeitweise nicht handelbaren Assets im Handelsbuch war, desto schwerer wog es, dass die Marktrisikomodelle keine Ausfall- und Migrationsrisiken berücksichtigen mussten. Da wiederum der Standardansatz wenig risikosensitiv war, konnte die Aufsicht diesen Ansatz in der Regel nicht als Rückfalllösung in Betracht ziehen.

2. Zwischenlösung Basel 2.5

Um Zeit für die dringende Generalüberholung, insbesondere auch die Entwicklung eines neuen Standardansatzes, zu gewinnen, musste der Baseler Ausschuss handeln und hat dies auch durch ein Paket brauchbarer Zwischenlösungen getan, die er *Basel 2.5* taufte. Die dringlichsten Maßnahmen waren die Berücksichtigung von Stressanteilen und des Ausfallrisikos. Auch wurde für Verbriefungen, bei denen die Risiken bekanntlich eklatant und mit schwerwiegenden Folgen unterschätzt worden waren, bis auf das sogenannte „Correlation Trading Portfolio" keine Modellierung mehr zugelassen.

Daher werden dem klassischen VaR zurzeit – also unter Basel 2.5 – folgende Unterlegungsbeträge hinzugerechnet: ein potenzieller Krisen-Risikobetrag – der sogenannte „stressed VaR" –, ein Betrag für zusätzliches Ausfall- und Migrationsrisiko (Incremental Risk Charge, IRC) auf Basis hierfür entwickelter Modelle sowie ein Teilanrechnungsbetrag für Verbriefungspositionen nach Standardmethode oder gegebenenfalls nach dem CRM-Modell (Comprehensive Risk Measure) für das Correlation Trading Portfolio.

Die gefundenen Lösungen führten zu einem rund 150 %-igen Anstieg der Marktrisiko-Kapitalunterlegung in Deutschland und ebenfalls europaweit. Sie tragen dazu bei, dass sich auch die übrigen Schwachstellen, die unter Basel 2.5 noch nicht ausgeräumt sind, im Krisenfall vermutlich nicht mehr mit derselben Wucht auswirken würden. Beispielsweise wäre auch bei einer zweifelhaften Zuordnung eines wenig liquiden Finanzinstruments nunmehr mit höherer Wahrscheinlichkeit anzunehmen, dass erhebliche Wertverluste eines solchen Instruments bis hin zum Ausfallereignis unabhängig von der Zuordnung erfasst sind.

3. Abgrenzung Handels- und Anlagebuch

Die Zuordnung zwischen Handels- und Anlagebuch bleibt hier grundsätzlich absichtsbasiert, was im Ausschuss nicht unumstritten war. Entsprechend spiegelt das Regelwerk auch eher eine Kompromisslinie als eine stringente Systematik wider. Denn die Freiheitsgrade für die Institute sollen durch eine Liste, welche die grundsätzliche Zuordnung von Finanzinstrumenten zum Handelsbuch oder dem Anlagebuch bestimmt, zwar stark eingeschränkt werden. Auf der anderen Seite dürfen Institute hiervon teilweise mit aufsichtlicher Zustimmung abweichen. Daneben dürfen die Aufseher eine Umwidmung einzelner Instrumente aber auch verlangen. Ohnehin ist die Liste der Finanzinstrumente nicht umfassend. Beispielsweise sind weder Zinsswaps noch Swaptions aufgeführt, sodass die Zuordnung von Micro- und Macrohedges des Zinsänderungsrisikos weiterhin allein nach der Handelsabsicht erfolgt. Dies läuft im Beispielfall auf die Frage hinaus, ob die Instrumente Zinsänderungsrisiken (ZÄR) im Anlage- oder im Handelsbuch abdecken. Die dokumentierte (vorhandene oder fehlende) Handelsabsicht muss dann aber auch der operativen Praxis entsprechen, beispielsweise dürfen Swaptions für die Absicherung von ZÄR im Anlagebuch nicht regelmäßig bei günstiger Entwicklung veräußert werden.

Eine gewisse Skepsis, ob sich die kategorische Abgrenzung der Instrumente mit nachgelagerter Einzelfallgenehmigung der Aufsichtsbehörden bewähren wird, lässt sich durchaus nachvollziehen. Zum einen wird es zahlreiche Auslegungsfragen geben, wie hinsichtlich der Zuordnung von Fonds. Hier stellt eines der beiden maßgeblichen Abgrenzungskriterien auf die *Möglichkeit* der täglichen Durchschau der Positionen ab, was vermutlich noch nicht der Weisheit letzter Schluss sein kann.

Schaut man auf naheliegende Ausnahmen, drängt sich das Beispiel von Aktien auf, soweit diese künftig etwa wie nach dem novellierten Bausparkassengesetz als langfristige Beimischung in Anlageportfolien zugelassen sind. Hier stellt sich die Frage, ob es in solchen Fällen der Genehmigung für jede Anlage in Aktien bedarf oder auch eine Art Generalerlaubnis in Betracht kommt, die für einzelne

Institute dann bestimmte Anlageklassen umfassen könnte. Zunächst einmal ist festzustellen, dass sich der Wortlaut klar auf einzelne Instrumente bezieht. Man muss schon auf die Fußnoten im Regelungstext rekurrieren, um hieraus Hinweise zu ziehen, dass sich auch die TBG kategorische Ausnahmen von der Liste vorstellen kann. Dies ist im Übrigen aus meiner Sicht ein Feld, wo bei der europäischen Umsetzung besonders genau auf die Praktikabilität geachtet werden sollte. Aufsichtsbehörden und Kreditinstitute müssten hier ein gemeinsames Interesse haben, handhabbare Genehmigungsprozesse zu entwickeln.

Um die aufsichtlich unerwünschten Arbitragemöglichkeiten einzuschränken, hat die TBG überdies weitere Anforderungen vorgeschlagen: Im neuen Regime darf nach der ursprünglichen Zuordnung eine Umbuchung nur noch mit aufsichtlicher Genehmigung erfolgen; diese kann beispielsweise im Restrukturierungsfall erteilt werden. Ergäbe sich durch die Umwidmung eine verringerte Kapitalanforderung, wird für die Differenz ein Kapitalzuschlag festgesetzt, der aus Vereinfachungsgründen bis zum Auslaufen des Instruments unveränderlich bleibt. Auch wird klargestellt, dass Ausfall-, und Aktienkursrisiken nur vom Anlagebuch ins Handelsbuch transferiert werden können und zwar auch nur unter der Voraussetzung, dass der betreffende Handelstisch ein externes Gegengeschäft abschließt.

Abbildung 1: *Risikokategorien Handelsbuch/Anlagebuch*

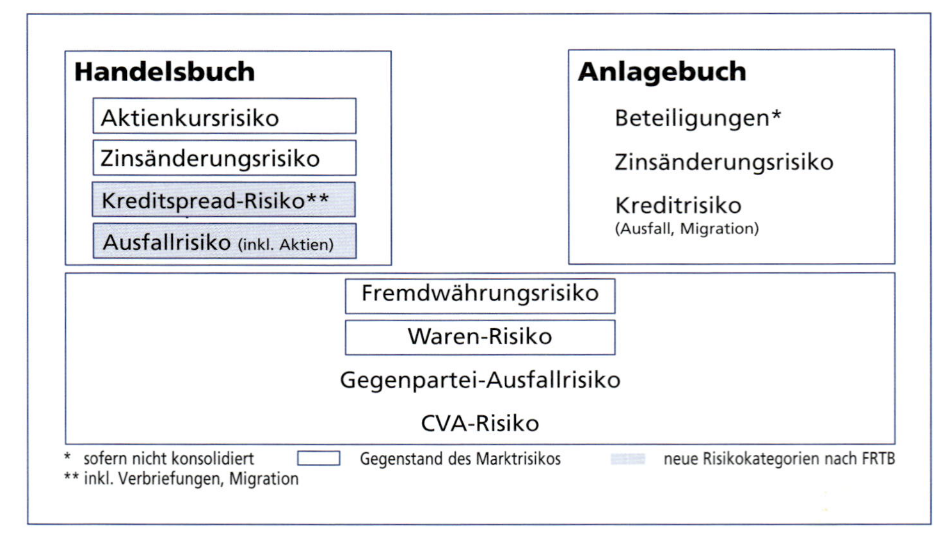

Der neue Standardansatz (StA) hat durch die Nutzung der Risikosensitivitäten einen deutlich stärkeren Risikobezug. Hierfür sollen die Institute auf ihre Risikodateninfrastruktur zurückgreifen, also auf ihre Pricing-Risk-Modelle, die zur Bestimmung des fairen Marktpreises und der Fortschreibung der P&L-Zuordnung entwickelt wurden. Insofern sollen die Sensitivitäten, die das Risikocontrolling ermittelt, nicht nur für interne Steuerungszwecke sondern auch für das regulatorische Meldewesen verwendet werden, welches eine entscheidende Fortentwicklung des Standardansatzes nach den derzeitigen CRR-Regelungen darstellt. Alle Institute müssen den Standardansatz rechnen und die Ergebnisse melden. Dies wird vermutlich ein konsistentes und vergleichbares Reporting von Marktrisiken zwischen Ländern und Instituten erleichtern.

Angesichts des stärkeren Risikobezugs und der erforderlichen Parallelrechnung im Fall der Nutzung eines internen Modells bildet der Standardansatz jetzt auch eine glaubwürdige Rückfalllösung für das interne Modell. Es ist auch weiterhin nicht ausgeschlossen, dass man in geeigneter Weise an den Standardansatz anknüpft, um einen Floor für den internen Modellansatz zu definieren.

Verbriefungen auch im Korrelationshandelsportfolio sind nur noch im Standardansatz zulässig.

Abbildung 2: *Revision Standardansatz – Übersicht über die Bestandteile*

Standardansatz Marktrisiko

1 **Sensitivitätsbasierte Methode:**
Kapitalanforderung basiert auf Delta-, Vega- und Krümmungs-Risikofaktorsensitivitäten

+

2 **Ausfallrisikobezogene Kapitalanforderung**
(standardisierter DRC)

+

3 **Residualer Risikoaufschlag**
(RRAO)

4. Sensitivitätsbezogene Kapitalanforderung

Die Kapitalanforderung, die von Nettopositionswerten ausgeht, basiert auf den Risikosensitivitäten Delta, Vega und Krümmung für die beschriebenen Risikoklassen:

- Zinsänderungsrisiko
- Kreditspreadrisiko:
  1. Nicht-Verbriefungen,
  2. Verbriefungen (außer Korrelationshandelsportfolio),
  3. Verbriefungen (nur Korrelationshandelsportfolio)
- Aktienkursrisiko
- Warenrisiko
- Fremdwährungsrisiko

Im Gegensatz zu den Sensitivitäten werden Risikofaktoren und Korrelationen aufsichtlich vorgegeben, das heißt, alle Instrumente werden auf aufsichtlich vorgegebene Risikofaktoren gemappt. Auf die Risikofaktoren werden Schocks ausgeübt, auf deren Basis die Kapitalanforderung für den Risikofaktor berechnet wird (Berücksichtigung erfolgt über Risikogewichte).

Die risikogewichteten Sensitivitäten werden unter Anwendung aufsichtlich vorgegebener Korrelationen erst innerhalb der Risikoklassen über Gruppen (buckets) und dann über die Risikoklassen hinweg aggregiert.

5. Ausfallrisikobezogene Kapitalanforderung (Default Risk Charge – DRC)

Die Kalibrierung der ausfallrisikobezogenen Kapitalanforderung erfolgt im Hinblick auf die Kapitalanforderungen im Anlagebuch, um eine möglichst einheitliche Behandlung gleicher Geschäfte im Anlage- und Handelsbuch zu erreichen. Die Kapitalanforderungen werden auf Nettopositionsebene und unter Berücksichtigung von Absicherungseffekten errechnet. So werden Absicherungseffekte zwischen Long- und Short-Positionen gegenüber unterschiedlichen Schuldnern zu einem gewissen Grade berücksichtigt, soweit sie demselben Bucket angehören (drei Buckets corporates, sovereigns and local government/municipalities). Die Kapitalanforderung wird für die folgenden Risikoklassen berechnet:

- Nicht-Verbriefungen
- Verbriefungen
- Verbriefungen im Korrelationshandelsportfolio

Die DRC bezieht im Gegensatz zur Incremental Risk Charge keine Migrationsrisiken mehr ein, um Doppelunterlegung (Abgrenzung zu Credit Spread einerseits und Ausfallberechnung andererseits) zu vermeiden.

6. Residualer Risikoaufschlag

Der residuale Risikoaufschlag im Standardansatz ist eine einfach zu berechnende, dafür aber konservative Kapitalanforderung für komplexe Instrumente wie Multi-Underlying-Optionen und Indexprodukte, die zusätzlich zu den anderen Kapitalanforderungen des Standardansatzes berechnet werden muss. Hierdurch sollen Risiken abgedeckt werden, bei denen keine Sensitivitäten ermittelt werden können oder bei denen die ermittelten Sensitivitäten nicht als hinreichend stabil gelten können wie bei Indexprodukten. Die Kapitalanforderung wird auf Bruttopositionsebene, also zu Nominalbeträgen ermittelt.

7. Revision der Anforderungen an interne Modelle

Auch die Revision der Anforderungen an interne Modelle ist weitgehend. Vor allem wechselt das Risikomaß: Der sogenannte „Expected Shortfall (ES)" zum Quantil 97.5 % löst den Value-at-Risk zum Quantil 99 % ab. Während sich die Risikowerte dieser beiden Quantile bei Normalverteilung weitgehend entsprechen, wird der ES zu diesem Quantil für Verteilungen mit Randrisiken (Fat-Tails) regelmäßig deutlich höher ausfallen (was ja auch gewollt ist). Damit wird nunmehr auch für den unwahrscheinlichen Stressfall eine Kapitalunterlegung eingefordert, die neben der Wahrscheinlichkeit auch das Ausmaß des Verlustes bzw. die Höhe des Schadensfalles berücksichtigt. Zudem muss der ES Daten aus einer Periode mit Marktstress einbeziehen, kann sich aber hierfür auf ein reduziertes Set von Risikofaktoren mit einer Abdeckungsquote von 75 % beschränken, bei denen eine solche Datenhistorie für die gewählte Stressperiode auch vorhanden ist. Schließlich ist statt einer festen, 10-tägigen Haltedauer ein nach Handelsinstrumentenklasse variierender Liquiditätshorizont von bis zu 125 Tagen vorgeschrieben. Damit soll sichergestellt werden, dass der Bank zeitlicher Spielraum bleibt, um die Position ohne nennenswerte Effekte auf den Preis in Krisenzeiten zu verkaufen oder zu schließen.

Die Genehmigung für die internen Modelle erfolgt nach aufsichtlich vordefinierten Handelstischen (trading desks).

Abbildung 3: *Revision interne Modelle – Modellzulassungsprozess (1/3)*

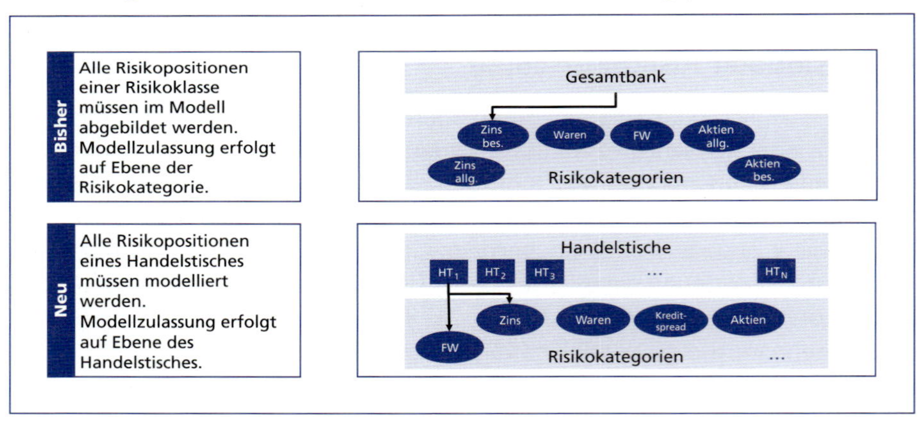

Modellzulassung für Handelstische: Unter Handelstischen versteht der FRTB eine definierte Gruppe von Händlern oder definierte Handelsbücher mit einer festgelegten Handelsstrategie, dem hieraus abgeleiteten Risikomanagement-, Limit- und Vergütungssystem sowie einer geregelten Berichtslinie zum Vorstand. Die wöchentlichen Berichte müssen mindestens P&L sowie Risikomessung umfassen.

Für die Tische, die ein Institut gut modellieren kann, kann ein Modellantrag gestellt werden. Die Eintrittsschwelle für die Modellzulassung ist niedrig gewählt, was auch vor dem Hintergrund der strengen Voraussetzungen für die Zulassung von handelstischbezogenen Portfolien zu sehen ist: Lediglich mind. 10 % aller Risiken müssen von Modellen abgedeckt werden. Die Exposures in den Portfolien der übrigen Handelstische sind mit dem Standardansatz zu unterlegen.

Im Modellzulassungsprozess verbleiben den Kreditinstituten Spielräume für die bankinterne Definition der trading desks. Damit sich Handelstische für die Modellzulassung qualifizieren, müssen sie die Anforderungen an das Risikomanagement, die GuV-Ergebniszerlegung (P&L Attribution) und das Backtesting laufend erfüllen. Eine wichtige Voraussetzung ist auch, dass die modellierbaren Risikofaktoren auf Basis echter Preise bestimmt werden müssen und unter anderem 24 Preisstellungen je Jahr vorliegen. Für illiquide Positionen, für die wiederum Sensitivitäten in der Folge schwer zu bestimmen wären, müssen entsprechende Risikofaktoren im internen Modell unter Stressbedingungen und konservativer Aggregation separat unterlegt werden (sogenannte nicht-modellierbare Risikofaktoren, NMRF). Damit dürfte das methodische Problem der Messung von Sensitivitäten für illiquide Produkte zunächst kaum ins Gewicht fallen, könnte sich aber in der nächsten Krise durchaus erneut stellen, zumal eine Umwidmung ins Anlagebuch angesichts der aufgezeigten Beschränkungen kaum noch möglich sein wird.

Während Diversifikationseffekte bisher uneingeschränkt berücksichtigt werden konnten, ermittelt sich die gesamte Kapitalanforderung nunmehr als gewichteter Durchschnitt zwischen dem Gesamtbank-ES mit Diversifikationseffekten und der Summe der jeweiligen Expected Shortfalls für die aufsichtlichen Risikoklassen. Änderungen ergeben sich auch bei der Default Risk Charge verglichen mit der bisherigen Incremental Risk Charge. Zwar konnten auch bisher Diversifikationseffekte zu anderen Risikoarten nicht gerechnet werden; hinzu treten aber nunmehr wie auch im Standardansatz Beschränkungen hinsichtlich der Hedging-Möglichkeiten, indem Risikofaktoren und Korrelationen zu modellieren (kein Netting vor Input der Daten ins Modell) und auch zu stressen sind.

8. Interaktion interne Modelle/Standardansatz

Alle Institute müssen verpflichtend den StA rechnen, der für den internen Modellansatz als glaubwürdige Rückfalllösung und gegebenenfalls auch als Floor dienen soll. Wie ein solcher Floor aussehen könnte, ist allerdings noch in der Diskussion. Das Verhältnis der Kapitalanforderung zwischen Standardansatz und internen Modellen kann durch die Parallelrechnung besser überwacht werden. So dürften Aufseher Fehlentwicklungen und auch Indikationen für Fehlsteuerungen (aufgrund systematischer Über- und Unterschätzung von Risiken) leichter erhalten und zumindest in ihrer Analyse rascher übereinstimmen. Dies könnte Anpassungen und Rekalibrierungen im internationalen Verhandlungsprozess erheblich erleichtern.

9. Quantitative Auswirkungen des FTRB

Erklärtes Ziel des Baseler Ausschusses ist, die Kapitalbelastung für die Handelsbuchpositionen im Markt nicht zu erhöhen. Im Ergebnis der bisherigen Baseler Auswirkungsstudien und der zuletzt erfolgten Kapitalkalibrierung hat sich der Ausschuss diesem Ziel angenähert. Auch wissen wir aus dem Vergleich der Ergebnisse von QIS-Erhebungen und späterer Kapitalbelastung – z. B. bei Einführung der Regelungen nach Basel 2.5 –, dass ein Teil der belastenden Effekte relativ rasch durch bankinterne Anpassungen kompensiert wird. Soweit hierfür risikoträchtiges Geschäft abgebaut wird und hierdurch beispielsweise auch die Risikonahme von Randrisiken (Tail-Risks), für die zuvor kein Kapital gebildet werden musste, vermindert wird, sind derartige Ausweichreaktionen durchaus im Sinne des Regelwerkes.

Auf Basis der jüngsten QIS mit Daten vom Juni 2015 generiert die Anwendung der Regeln des FRTB im Ergebnis RWA, die knapp unter 10 % der gesamten RWA der in die QIS einbezogenen Institute liegen, während diese Quote der RWA aus dem Handelsbuch zum Gesamtrisikowert bei Anwendung des aktuellen Regelwerks nur 6 % beträgt. Insofern ergibt sich ein Anstieg des Anteils der Handelsbuchpositionen an den gesamten RWA von gut 60 %, der aber auch die Verschiebungen wegen der geänderten Abgrenzung zwischen Handels- und Anlagebuch, die gegebenenfalls beschränkte Modelleignung von Portfolien einzelner Handelstische und die Selbsteinschätzung der Banken bezüglich der Eignung bestimmter Handelstische für die interne Modellierung einbezieht.

Da insbesondere die letzte QIS höhere Anforderungen an die Datenqualität stellte und für einzelne, übergreifende Auswertungen nur zwölf Institute vollständig hinreichend belastbare Daten zuliefern konnten, wird im besonderem Maße deutlich, warum die EU-Kommission die EBA zu einer fundierten quantitativen Bewertung insbesondere im Hinblick auf den Standardansatz aufgefordert hat, um eine Grundlage für die europäische Umsetzung zu schaffen. Hier ist zugleich zu berücksichtigen, dass die BIZ ihren Fokus auf international aktive, größere Banken richtet und somit per se die Repräsentativität von Analysen Einschränkungen unterliegen muss. Für besonders dringlich hält die Kommission nach Bankengröße und Geschäftsmodellen differenzierte Einblicke in die Auswirkung.

10. Vereinfachter Standardansatz

Wie auch in der Kürze der Zeit vermutlich deutlich geworden sein wird, ist der „normale" Standardansatz komplex und muss es auch sein, wenn er als Alternative zu internen Modellen taugen soll. Dessen Implementierung mag allerdings aus demselben Grund auch manches große, handelsaktive Haus vor Herausforderungen stellen. Die Implementierung dieses Ansatzes in (kleineren und mittleren) Häusern, die in geringerem Maße Marktrisiken eingehen, aber über dem Schwellenwert von 15 Millionen Euro nach Art. 94 CRR liegen, würde möglicherweise zu einem unangemessen hohen Aufwand führen.

Die TBG strebt weiterhin die Entwicklung eines vereinfachten Standardansatzes für Institute mit eher geringem Handelsgeschäft an.

11. Wesentliche offene Fragen

Schwellenwerte für Handelstische: Zu den offenen Fragen, welche in den nächsten Wochen und Monaten noch zu erörtern sein werden, gehören voraussichtlich die über die P&L-Zuordnung definierten Schwellenwerte für die Modellierung der Portfolien einzelner Handelstische. Denn insbesondere bei gehedgten Portfolien könnten Standardabweichung und Varianz der hypothetischen P&L-Verteilung sehr klein werden, was zur Überschreitung der Schwellenwerte führen würde.

Abbildung 4: *Exkurs: Formeln für PnL Attribution*

1. $$\text{Mean Unexplained PnL} = \frac{E(\text{Unexplained PnL})}{\sigma(\text{Hypothetical PnL})} = \frac{E(\text{Risk-theoretical PnL} - \text{hypothetical PnL})}{\sigma(\text{Hypothetical PnL})} \in [-10\%, 10\%]$$

2. $$\frac{\text{Var(Unexplained PnL)}}{\text{Var(Hypothetical PnL)}} < 20\%$$

Der TBG ist dieser Sachverhalt bekannt. Zur Diskussion stehen die übergangsweise oder dauerhafte Anpassung der Schwellenwerte (–10 %, 10 % und 20 %) bzw. auch eine Überarbeitung der Kriterien an sich für die P&L-Attribution.

12. Berechnung des Expected Shortfall

Eine klare Herausforderung bei der Implementierung der neuen Regeln könnte in der Berechnung des liquiditäts-adjustierten Expected Shortfall liegen, da dessen Ermittlung deutlich rechenintensiver verläuft als die Ermittlung des VaR und daher also gegebenenfalls eine nochmals verbesserte Datenqualität besonders im Bereich der seltenen Ereignisse erfordert. Deshalb hat die Industrie vorgeschlagen, Teile der Expected Shortfall-Berechnung (ES für einzelne Risikoklassen) nur wöchentlich zu ermitteln, wie dies auch für die internen Managementberichte üblich ist.

13. Ratingkategorien beim Credit Spread Risk

Der Standardansatz unterscheidet im Bereich des Credit Spread-Risikos nur zwei Rating-Kategorien – Investmentgrade und High Yield –, sodass Klippeneffekte entstehen könnten.

Folgende Fragen grundsätzlicher Natur werden in diesem Bereich noch diskutiert:

- Korrelationsszenarien nahe 1 werden im Standardansatz durch den anzuwendenden Shift um –25 % in ihrer Natur erheblich verändert, was damit auch die Risikoeigenschaften von breit gestreuten und gehedgten Portfolien fundamental verändern könnte.
- Bei Finanzinstrumenten verschiedener Risikokategorien könnten gehedgte Portfolien unter bestimmten Annahmen stärker mit Kapital zu unterlegen sein als ungehedgte Portfolien.
- Bei Rohwaren könnte die Unterscheidung im Standardansatz nach der Dimension „grade" zum Teil nicht eindeutig sein (mit grade können beispielsweise unterschiedliche Sorten Rohöl und hier übliche Lieferorte gemeint sein oder verschiedene Qualitätsstufen bestimmter Metalle wie Kupfer).

Eine Kategorisierung dieser und ähnlich gelagerter Problemstellungen könnte beispielsweise unter folgenden Gesichtspunkten erfolgen:

- Einerseits hängt eine Reihe offener Fragestellungen damit zusammen, dass der FRTB die auf Basis historischer Daten berechneten Korrelationen und Hedgingwirkungen für nur bedingt stressresistent hält. Insofern enthält der Ansatz Restriktionen und Puffer, die wiederum die Komplexität des Ansatzes erhöhen und zu Rückfragen führen.
- Anderseits rekurriert der FRTB weniger stark auf Ratingeinstufungen als derzeitige bankaufsichtliche Standards und differenziert die gewählten Risikogewichte u. a. auch nach Branchen, Produktklassen und Regionen. Auf diese Weise werden implizit Einschätzungen zu den spezifischen Risiken einzelner Sektoren vorgenommen. Wenn sich langfristige Marktbedingungen ändern, dürften entweder gelegentlich Anpassungen des Standards oder alternativ eine intensive Pflege und laufende Revision der FAQ erforderlich werden.

14. Zeitplan für die Umsetzung

Abschließend sei darauf hingewiesen, dass die EU-Kommission bis Ende 2016 einen CRR-Entwurf zur Umsetzung des FRTB vorzulegen plant und die Verabschiedung bis Ende 2017 im Mitentscheidungsverfahren (Trilog Regierungen, Kommission und EU-Parlament) vorgesehen ist. Damit könnte die von der TBG vorgegebene Frist – Einführung des neuen Regelwerkes Anfang 2019 und Umsetzung durch die Institute bis Ende 2019 – gehalten werden.

Dr. Bettina Mohr
Bereichsleiterin Konzernrisikocontrolling
Landesbank Baden-Württemberg

Bettina Mohr

Präzise Balance. Baseler Überarbeitung der Marktrisiken aus Sicht eines Instituts

Nach einem langwierigen Prozess intensiver Konzeptions- und Konsultationsarbeit erreicht die Aufsicht mit Veröffentlichung des finalen Baseler Standards zur Regulierung der Marktrisiken ihr Ziel. Der überarbeitete Standardansatz stellt für kleinere Handelsbuchinstitute eine Herausforderung dar und verlangt von den mittleren und großen Instituten ein besser vernetztes Handeln.

Aus der Bankperspektive heraus ist der Standard nach Meinung der Autorin nur ein Teil im „Kapital-Puzzle" – und die eigentliche Arbeit mit der Umsetzung geht für die Kreditinstitute jetzt erst richtig los. Dabei stellt die größte Herausforderung nach wie vor die erhebliche Anzahl gleichzeitiger, zeitlich unterschiedlich fortgeschrittener aufsichtsrechtlicher Änderungen und deren Gesamtkapitaleffekte dar.

Die Abbildungen basieren auf dem Vortrag von Dr. Bettina Mohr während des Bundesbank Symposiums „Bankenaufsicht im Dialog" am 1. Juni 2016.

Inhalt

1. Einleitung

Abbildung 1: *Etappenziel erreicht?*

Mit Veröffentlichung des finalen Baseler Papiers erreicht die Aufsicht ihr gestecktes Etappenziel

Langwieriger Prozess intensiver Konzeptions- und Konsultationsarbeit

- Banken haben Prozess konstruktiv mit signifikanten Ressourcen über alle Phasen begleitet
- Zusammenwirken war über die Wegstrecke gut
- Zuletzt gab es allerdings unter Zeitdruck noch wesentliche Erweiterungen (CVA Risiko und Residual Risiko)

Für Kreditinstitute geht die Arbeit erst richtig los

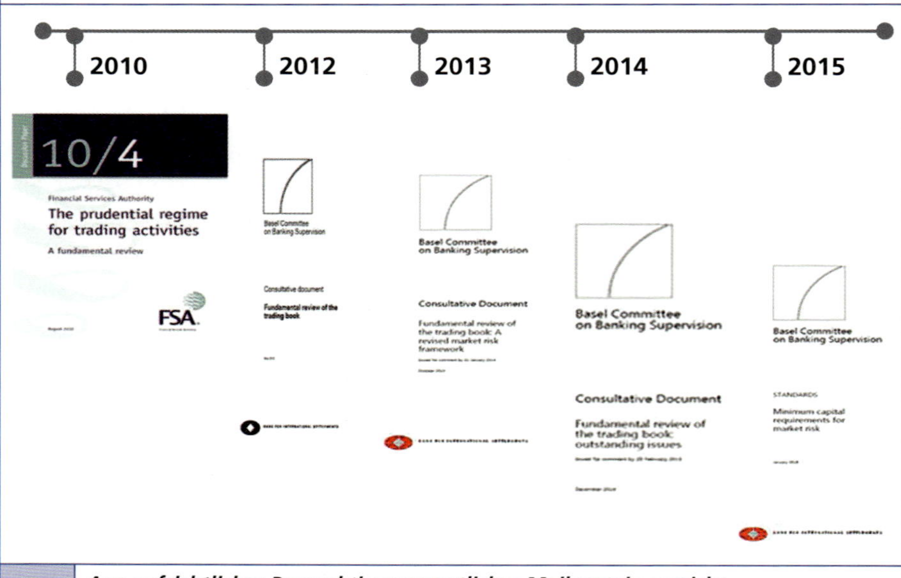

> *Aus aufsichtlicher Perspektive wesentlicher Meilenstein erreicht. Aus Bankperspektive ein Teil im „Kapital-Puzzle".*

Abbildung 2: *Zielsetzungen des neuen Standardansatzes*

Risikosensitiver Ansatz 
Ansatz soll für alle Banken umsetzbar sein
Fall-Back für Interne Modelle
Bezugsgröße für Untergrenze für Eigenkapitalunterlegung

2. Bewertung des neuen Standardansatzes

Abbildung 3: *Der Standardansatz bisher – zukünftig*

Bisher	>>>	***Zukünftig***
Allgemeines Aktienrisiko		Aktienrisiko (Equity Risk)
Besonderes Aktienrisiko		
Allgemeines Zinsrisiko		Allgemeines Zinsrisiko (General Interest Rate Risk)
Besonderes Zinsrisiko		Credit Spread Risiko
Rohwarenrisiko		Commodity Risiko
Fremdwährungsrisiko		Fremdwährungsrisiko
		Default Risiko
		Residual Risiko
Heterogene Bezugsgrößen/Verfahren: • Nominale • Duration Kennziffern • Delta Plus Methodik		Harmonisierte Bezugsgröße: • Sensitivitäten • Voll-Bewertungsszenario zur Abschätzung von Krümmungsrisiken

> ***Vereinheitlichung von heterogenen auf einheitliche Kenngrößen und Berechnungsansätzen.***
> ***Hinzunahme zweier neuer wesentlicher Risikoarten (Default und Residual Risiko).***

Abbildung 4: *Strukturelle Bewertung Methodik Standardansatz*

Gut +
Ansatz basiert auf Sensitivitäten und damit auf Kernindikatoren der internen Risikosteuerung
Interne Risikomodelle weiterhin als Alternative zulässig (Akzeptanz der internen Risikokompetenz)
Kompromiss zwischen Einfachheit und Erfassung aller strukturellen Risiken
Weniger gut –
Verwendung fester Risikogewichte und Korrelationen
Reihe konservativer Gestaltungsmerkmale • Keine Diversifizierung zwischen Risikoklassen • Keine Diversifizierung zwischen Delta-, Vega- und Krümmungsrisiken (Curvature Risk) • Verwendung des konservativsten Korrelationsszenarios
Pauschales Vorgehen bei Residual Risiko
Weiter Anwendungsumfang für Residual Risiko (z. B. bereits für einfache Digital-Optionen)

Regulatorische Perspektive	Unternehmerische Perspektive
• Einheitliche Risikoeinschätzungen • Vorsichtige Risikoeinschätzungen • …	• Individuelle Risikoperspektive • Optimiertes Risikokapital • …

Abbildung 5: *Vorläufige Bewertung der Kapitaleffekte*

Baseler Ausschuss veröffentlicht bislang nur sehr eingeschränkt Ergebnisse zu den quantitativen Auswirkungen
Im November 2015 veröffentlichte Ergebnisse zur QIS 3 zeigen folgende Effekte: • Erhöhung Kapitalbedarf Standardansatz alt vs. Standardansatz neu im Median um + 80 % (oberes Quartil + 196 %) • Kapitalanforderung für Standardansatz 2–3 mal höher als für Internes Modell nach FRTB • Kapitalanforderung für Marktrisiken im Markt steigt im Durchschnitt um 41 %
Haupttreiber des neuen Standardansatzes für eine „typische" Bank: • Zinsrisiko • Credit Spread Risiko • Default Risiko • Residual Risiko

Abbildung 6: *Vorläufige Bewertung der Kapitaleffekte*

Weiterführende Studien von ISDA/GFMA/IIF zeigen folgende Effekte aus QIS 4 sowie dem finalen Papier:

	Standardansatz NEU vs. Internes Modell NEU		Exempl. Verhältnis typisches Risikogewicht gem. Standardansatz vs. typische Stressvolatilität (99/10)
	QIS 4	Finales Papier	
General Interest Rate Risk	4,2	3	2,5–3,5
Credit Spread Risk	2,1	2	1,5–2
Equity Risk	4,6	4,1	2,5–3,5
Commodity Risk	3,6	2,9	2–3
Foreign Exchange Risk	3,8	6,2	3,5–4,5

Weiterhin signifikante Erhöhung des Kapitalbedarfs des bis zu 2,4-fachen gegenüber IST

Vergleich typischer Stressvolatilitäten von Risikofaktoren zeigt Tendenz konservativer Risikogewichte (z.B. Risikogewichte allg. Zinsrisiko ca. 3-faches der typischen Stressvolatilität)

Verbesserung bei allgemeinem Zinsrisiko und Commodity Risiko, aber bei allen Risikoklassen weiterhin signifikant über ökonomischem Risiko

Deutliche Verbesserung bei Residual Risiko (Anteil am Risiko gem. Standardansatz bei ca. 5–10 %)

Signifikante „Klippen-Effekte" im Falle eines Rückfalls von einem internen Modell auf den Standardansatz

Bisherige Konsultationen und Rekalibrierungen führen kontinuierlich zu deutlichen Verbesserungen.
Standardansatz liegt aber weiterhin deutlich über ökonomischem Risiko.

Abbildung 7: *Zusammenfassende Bewertung des Standardansatzes*

Standardansatz folgt strukturell Idee einfacher interner Risikomodelle

Annäherung Standardansatz und interne ökonomische Perspektive der Risikosteuerung

Reihe konservativer Annahmen führt zu Überzeichnung des Kapitalbedarfs im Verhältnis zu ökonomischer Sicht

Aufsichtlicher Standardansatz führt in Verbindung mit Kapitalfloor und geringerer Vorteilhaftigkeit interner Modelle zu Gleichschaltungseffekten

- Modellrisiko für aufsichtliches Kapitalmodell liegt vollständig auf Seiten des Regulators (bisher für interne Modelle bei Modellbanken)
- Pauschales Modell führt zu strukturellen Belastungen einzelner Produkt-/Geschäftsstrategien (Verteuerung der betroffenen Produkte oder Verdrängung aus dem Markt)
- Möglicherweise Tendenzen zur Angleichung der Risikostrukturen im Bankenmarkt (Erhöhung struktureller Risiken)

3. Herausforderungen des neuen Standardansatzes

Abbildung 8: *Herausforderungen für kleinere Institute*

Fachliche Herausforderungen
- Granulare, marktkonforme und stabile Sensitivitäten
- Adäquates Mapping auf aufsichtliche Risikofaktoren
- Berechnung „Curvature"-Szenarien im Niedrigzinsumfeld

Ausbau Risikomanagement-kompetenzen erforderlich

Organ. Herausforderungen
- Definition regulatorischer Handelstische
- Aufbau internes Berichtswesen reg. Kapital
- Einrichtung Validierungsprozesse bzgl. Qualität der Sensitivitäten

Ausbau/Reorga. Risikocontrolling und Meldewesen erforderlich

Neuer Standardansatz für kleinere Handelsbuchinstitute anspruchsvoll

Technische Herausforderungen
- Aufbau einer effizienten Infrastruktur zur Berechnung von Sensitivitäten und Berechnung der Kapitalanforderung

Investition in IT Infrastruktur erforderlich

Sonstige Herausforderungen
- Umfangreiche Offenlegungspflichten
- Ggf. aufwändigere Prüfungs-/Genehmigungsverfahren

Umfangreiche Dokumentations- und Datenanforderungen

> ***Risikoorientierte Vereinfachungen für kleinere Institute erforderlich. Für kleine Handelsbuchinstitute wäre ein einfacherer Standardansatz als Alternativverfahren sinnvoll.***

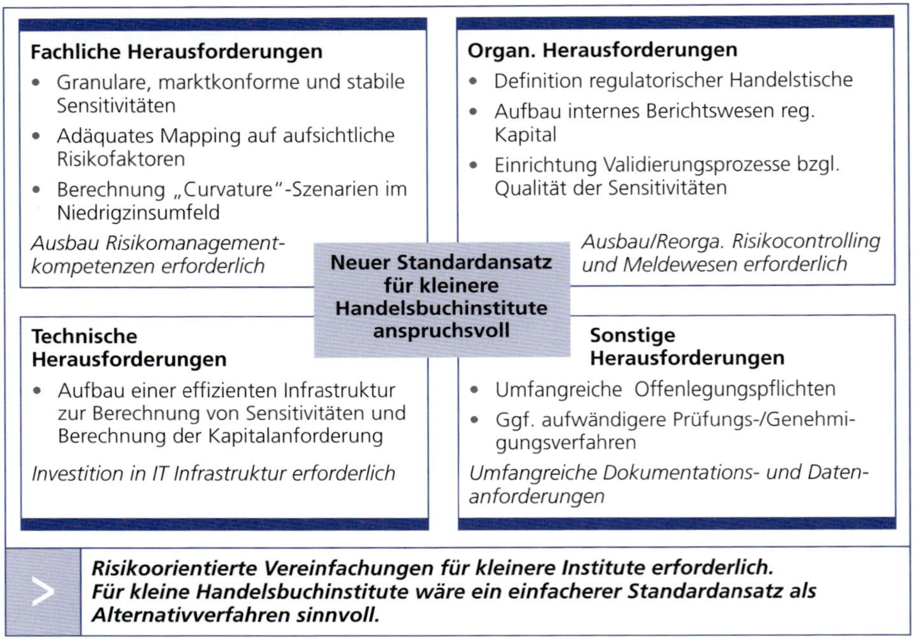

Abbildung 9: *Herausforderungen für mittlere und große Institute*

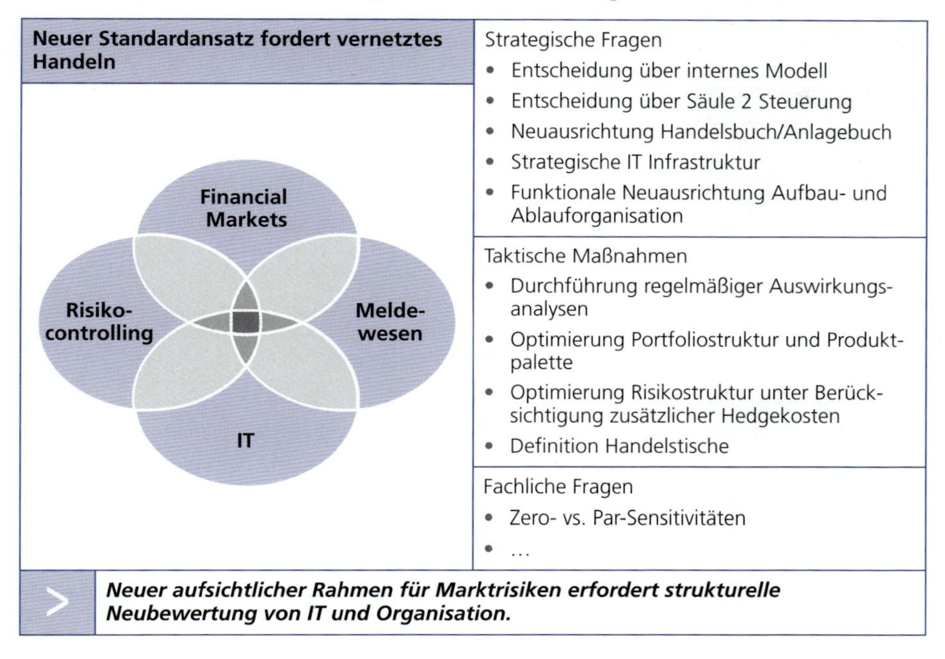

4. Exkurs Interne Modelle

Abbildung 10: *Stark nachlassende Attraktivität interner Modelle*

Interne Modelle erfordern einen massiv erhöhten Ressourcenbedarf (Personal und IT)

- Standardansatz und internes Modell sind parallel zu betreiben und erfordern parallele Maintenance
- Erhöhte Anforderungen an Rechenkapazitäten (vor allem Liquiditätshorizonte)
- Erhöhte Anforderungen an Datenqualität
- Erhöhte Anforderungen hinsichtlich P&L Explain/Backtesting
- Modell muss jederzeit für jeden Desk genehmigungsfähig gehalten werden
- Durch Desk Relevanz erhöhte Validierungsanforderungen
- Etablierung der neuen Maßgröße Expected Shortfall erforderlich
- Insb. für Partial Use Banken erhebliche Investitionen notwendig

Kapitalvorteil interner Modelle stark gesunken

- Handelsbuchvolumen und Handelsbuchrisiken tendenziell stark rückläufig
- Floor Regelung lässt je nach Floor nur geringen Spielraum für die EK Wirkung

Ausstiegsrecht für Modellbanken mit Wirksamwerden von FRTB aufgrund erheblichen Investitionsbedarfs bei abnehmendem Nutzen zwingend erforderlich.

5. Blick nach vorne

Abbildung 11: *Offene Fragen*

Offene Fragen
Ausgestaltung Kapitalfloor
Zusammenwirkung mit weiteren regulatorischen Veränderungen
Überführung des Baseler Rahmenwerkes in europäisches Recht
Ausarbeitung spezifischer Auslegungsvorschriften
Genehmigungs- und Prüfungsprozesse
Verfahren bei Änderungen an Sensitivitätsmodellen
Sind formale Validierungsstandards auch für die Sensitivitäten des Standardansatzes vorgesehen?
Detaillierung der Offenlegungspflichten
Finale Regelungen zum CVA-Risiko

Größte Herausforderung nach wie vor die erhebliche Anzahl gleichzeitiger, zeitlich unterschiedlich fortgeschrittener aufsichtlicher Änderungen und deren Gesamtkapitaleffekte.

Abbildung 12: *Nächste institutsinterne Schritte*

Nächste institutsinterne Schritte
Zusammenstellung eines cross-funktionalen Projektteams
Detailierung der FRTB Anforderungen
Klärung des IT Zieldesigns
Durchführung regelmäßiger Portfolioreviews und regelmäßige Überprüfung der Geschäfts-/ Produktstrategien
Vorbereitung der Implementationsphase
Regelmäßige Durchführung quantitativer Analysen (unter anderem im Zuge Basel III Monitoring)

Kapitel 5

Proportionalität in der Regulierung und Aufsichtspraxis

Dr. Stefan Blochwitz
Leiter der Abteilung
Bankgeschäftliche Prüfungen und
Umsetzung internationaler Standards
Deutsche Bundesbank

Stefan Blochwitz

Proportionalität in der Regulierung

Dieser Beitrag versucht eine Antwort auf die Frage zu finden, warum die Regulierung so – viele würden wahrscheinlich sagen: zu – komplex ist.

Nach Auffassung des Autors gibt es hierfür mehrere Gründe: Zuerst ist die Welt und insbesondere die Finanzwelt, in der wir leben, komplex und zwar durchgängig. Bei den großen Banken ist das offensichtlich und bedarf keiner weiteren Erklärung. Aber auch bei den kleinen Banken sind viele der Finanzinnovationen der letzten Jahre angekommen. Viele kleine Banken haben ihre interne Steuerung auf modernen Methoden aufgebaut. All das hat das Gesamtsystem komplexer gemacht und die bankaufsichtlichen Regeln spiegeln diese komplexe Welt natürlich wider.

Zweitens hat die öffentliche Meinung als Konsequenz aus der Finanzkrise auch nach einer umfassenden regulatorischen Antwort verlangt, die möglichst alle Risiken des Finanzsystems abdeckt. Das hat dazu geführt, dass regulatorische Vorschriften ausgeweitet wurden und allein dadurch ein sehr umfassendes Regelwerk entstanden ist. Das war so gewollt und der gegenwärtige regulatorische Ansatz ist im Großen und Ganzen richtig und sinnvoll. Und wenn man sich in eine andere Rolle, nämlich die des Steuerzahlers versetzt, wird man vermutlich auch regulatorische Lasten anders bewerten als es eine Bank tun mag. Nichts oder zu wenig tun kann teuer werden – das sollte eine nachhaltige Lehre aus der Finanzkrise sein. Letztlich hat aber dieser umfassende regulatorische Ansatz auch dazu geführt, dass Regeln komplex geworden sind und auch einen deutlich größeren Bereich der Prozesse in einer Bank erfassen als noch vor etwa zehn Jahren.

In dieses Umfeld muss dann aber der Aspekt der Proportionalität eingeordnet werden. Unter Proportionalität wird in diesem Beitrag verstanden, dass die Aspekte Vergleichbarkeit (nämlich der regulatorischen Anforderungen bezüglich der verschiedenen Risiken), Genauigkeit und Einzelfallgerechtigkeit sowie Aufwand (auf Bank- und Aufsichtsseite) auszubalancieren sind. Das ist im Übrigen nichts Neues – entsprechende Überlegungen haben schon immer bei der Beaufsichtigung des Finanzsystems eine Rolle gespielt. So gibt es von jeher zu jedem Modellansatz einen Standardansatz. Und auch die Modellansätze sind umso komplexer, je komplexer das modellierte Risiko ist. Ebenso skaliert die Aufsichtsintensität schon immer mit dem inhärenten Risiko einer Bank.

1. Proportionalität in den MaRisk

Der Bereich, in dem noch der größte Spielraum für Banken und Aufsicht besteht, ist die bankinterne Risikosteuerung, also der Teil, der gemeinhin unter Säule 2 zusammengefasst wird, weil hier skalierbare Konzepte den größten Anwendungsbereich haben. Dementsprechend wird der Beitrag zunächst darauf eingehen, wie Proportionalität in den MaRisk angelegt ist und wie sie in der Aufsichtspraxis von Säule 2 gelebt wird. Dies wird anhand einiger konkreter Fälle erörtert und illustriert.

Rechtlich ist die Situation klar: Die Capital Requirements Directive (CRD) verlangt in Artikel 73 von allen Instituten ein für ihre jeweilige Geschäftssituation angemessenes strategisches und operatives Risikomanagement. Dies zu beaufsichtigen ist Aufgabe der Bankenaufsicht und hier stellt Artikel 97 der CRD klar, dass die Aufsichtsaktivitäten und angelegten Maßstäbe ebenfalls Bedeutung, Komplexität und Risikogehalt berücksichtigen sollen. Damit ist das Prinzip der doppelten Proportionalität auf der Ebene europäischen Rechts etabliert.

In Deutschland sind diese CRD-Regelungen im Kreditwesengesetz (KWG) umgesetzt. Die Mindestanforderungen an das Risikomanagement (MaRisk) konkretisieren die rechtliche Umsetzung von Artikel 73 CRD. In der Vergangenheit gab es Unsicherheit, inwieweit die MaRisk auch für die Signifikanten Insitute (SI) Gültigkeit haben oder ob die MaRisk durch Standards des Einheitlichen Aufsichtsmechanismus (Single Supervisory Mechanism, SSM) abgelöst werden müssen. In der Sache kann der Autor keinen materiellen inhaltlichen Unterschied zwischen beiden erkennen. Deshalb erübrigt sich die Diskussion über die Anwendbarkeit der MaRisk für die von der Europäischen Zentralbank (EZB) direkt beaufsichtigten Banken.

In den MaRisk kann Proportionalität unmittelbar und direkt in vereinfachte Anforderungen münden. Es gibt zahlreiche Öffnungsklauseln, beispielsweise beim Liquiditätsrisiko oder der Auslagerbarkeit der Compliance-Funktion. Diese ermöglichen abhängig von Institutsgröße und Geschäftsschwerpunkten eine vereinfachte Umsetzung. Aber Proportionalität kann natürlich in zwei Richtungen gehen: Die MaRisk sind, was ihr Name schon sagt: *Mindestanforderungen* (vgl. Abbildung 1). Das bedeutet, dass die deutsche Aufsicht für besonders komplexe Institute oder solche mit besonderen Risiken hier auch ausgefeiltere Risikomanagementprozesse erwartet. Solche Institute sollen bei ihren Prozessen und den eingesetzten Verfahren eben auch internationale Entwicklungen aufgreifen, wie sie z. B. in den verschiedenen Good-Practice-Papieren des Baseler Ausschusses für Bankenaufsicht (BCBS) formuliert sind. Dieser Aspekt wird mit der direkten Aufsicht der EZB über die SI durch den damit einhergehenden größeren und transparenteren Überblick über die Risikomanagementverfahren anderer Banken sicherlich an Bedeutung gewinnen.

Abbildung 1: *Proportionalität in den MaRisk*

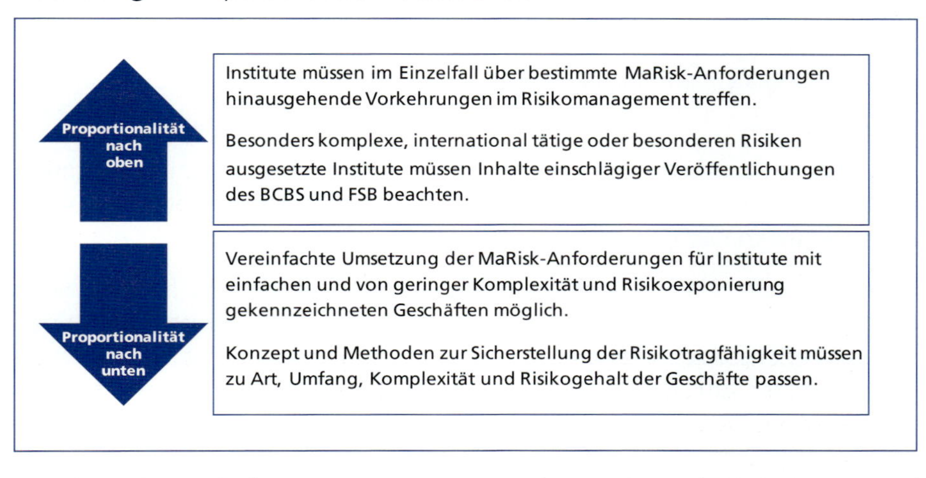

Der deutsche Aufsichtsansatz erwartet von den Banken, dass sie im Internal Capital Adequacy Assessment Process (ICAAP) ihre wesentlichen Risiken identifizieren, mit eigenen, intern entwickelten Methoden quantifizieren – soweit das möglich ist – und angemessen mit Kapital unterlegen, um potenzielle Verluste absorbieren zu können. Die Prinzipienorientierung der MaRisk gibt den Instituten weitreichende Freiheit bei der Umsetzung der Verfahren zur Risikoermittlung, um eben so den unterschiedlichen Risikosituationen Rechnung zu tragen. Deshalb sind Proportionalität und Methodenfreiheit eng verbunden. Das Ziel der Aufsicht ist es, dass die Institute ihre Risiken vollständig identifizieren und diese dann möglichst genau quantifizieren können.

Das Proportionalitätsprinzip bedeutet in diesem Kontext, dass es in der Verantwortung der Institute liegt, die verwendeten Methoden der Art, dem Umfang, der Komplexität und dem Risikogehalt ihrer Geschäftsaktivitäten entsprechend auszugestalten. Konsequenterweise hat die Methodenfreiheit auch klare Grenzen – sie gilt solange ein angemessenes Risikomanagement möglich ist und das Ziel zur Sicherstellung der Risikotragfähigkeit nicht in Gefahr gerät. Hier decken sich gewiss die Ansichten von Aufsicht und Industrie.

Ein Kernelement des deutschen Aufsichtsansatzes ist die Einzelfallprüfung, ob eingesetzte Methoden angemessen sind. Diese Prüfungen folgen drei Grundsätzen:

Vollständige Risikoabbildung: Methodenfreiheit darf nicht missbraucht werden, um Produkte/Risiken aus der Risikotragfähigkeitsbetrachtung auszusteuern. Jede Bank sollte einen vollständigen Überblick über das eigene Portfolio – insbesondere auch über den Risikogehalt der Anlagen im Depot A – haben.

Konsistente Verfahren: Methodenfreiheit endet, wenn Annahmen willkürlich getroffen werden, Verfahren inkonsistent angewendet werden und so ein angemessenes Risikomanagement nicht möglich ist.

Vorsichtsprinzip: Einfache und transparente Verfahren können für bestimmte Institute durchaus angemessen sein, sie sind in jedem Fall besser als nicht verstandene oder schlecht umgesetzte komplexe Verfahren. Einfache Verfahren und vereinfachende Annahmen sind auch akzeptabel, wenn sie erkennbar konservative Risikowerte implizieren.

Was ein angemessenes Risikomanagement ist, wandelt sich natürlich auch im Laufe der Zeit. Das wird zum einen durch die internationale Diskussion bestimmt: Deutschland ist international vernetzt und so kommen auch immer wieder neue Impulse aus dem internationalen Umfeld, die die Diskussion, was gutes und angemessenes Risikomanagement ist, beeinflussen. Auch das bestimmt, wie weit die Proportionalität nach unten reichen kann und wo Proportionalität nach oben anfängt. Zum anderen spielen auch nationale Erfahrungen eine Rolle. Die heterogene deutsche Bankenlandschaft stabilisiert in gewisser Weise das System und erlaubt von daher durchaus etwas Gelassenheit. Aber – und das sollte nicht vergessen werden – dieser Aspekt relativiert sich, wenn all diese Banken plötzlich anfangen, gleiche Methoden und Modelle anzuwenden.

1.1 Risikoberichtswesen und Datenmanagement

Im Folgenden sollen ein paar aktuelle Themen unter dem Aspekt der Proportionalität kurz erörtert werden. Das erste betrifft das in letzter Zeit viel diskutierte Thema Risikoberichtswesen und Datenmanagement in den Banken, angestoßen vor allem durch BCBS 239[1], die Richtlinie des Baseler Ausschusses zu Risk Data Aggregation. Eigentlich wird darin eine Selbstverständlichkeit verlangt: nämlich dass alle Banken jederzeit in der Lage sein müssen, sich schnell ein vollständiges Bild über ihre Risikosituation auf der Grundlage verlässlicher, aussagekräftiger und flexibel auswertbarer Daten zu verschaffen. Über diese Anforderung kann man nicht sinnvoll diskutieren, denn sie ist die notwendige Voraussetzung für eine effektive Steuerung. Leider zeigt sich immer wieder, dass diese Selbstverständlichkeit keineswegs selbstverständlich ist. Das betrifft zwar alle Banken, nicht nur in Deutschland, sondern weltweit – aber das macht es natürlich nicht besser. Gerade in Stressphasen sind zuverlässige und schnell verfügbare Informationen unerlässlich, um informierte Entscheidungen zu treffen – diese Lektion sollten wir alle gelernt haben.

Vor diesem Hintergrund hat sich der Baseler Ausschuss entschlossen, das Thema systematischer anzugehen: Es ist nicht nur das Ziel formuliert, sondern auch etwas detaillierter der Weg dahin: Welche Strukturen müssen in Banken vorhanden sein? Welche Anforderungen sind an effizientes Datenmanagement zu stellen? Welche Anforderungen sind an ein wirksames Risikoberichtswesen zu stellen? Und schließlich, welche Rolle soll die Aufsicht hier spielen? Die Umsetzung dieser Ideen skaliert aber natürlich mit der Komplexität der Banken, naturgemäß ist das Ganze für eine nur regional tätige Bank einfacher und weniger aufwendig umzusetzen als für eine große, vielleicht noch international tätige mit mehreren Töchtern und Dutzenden nur wenig kompatiblen Systemen.

Deshalb ist die Umsetzung in den MaRisk zweigeteilt. Alle Banken müssen in der Lage sein, wie bereits erwähnt, ihre Risikolage genau darzustellen. Das ist,

1 Principles for effective risk data aggregation and risk reporting (*www.bis.org/publ/bcbs239.pdf*).

wie gesagt, nicht verhandelbar und wird für alle Institute im neuen Modul BT 3 formuliert.

Zusätzlich greift das neue Modul AT 4.3.4 die Anforderungen des Baseler Standards auf und setzt sie prinzipienorientiert für systemrelevante Institute in Deutschland (zurzeit 16) um. Damit soll erreicht werden, dass in diesen Banken auch die nötige robuste Infrastruktur, die notwendige Mentalität und das nötige Bewusstsein für die Lösung des Problems geschafffen wird.

Das sollte auch die Diskussion über den Umsetzungsaufwand relativieren. Eine gute Informationsverarbeitung liegt im ureigensten Interesse der Banken und diese sollten hier der Aufsicht eher vorauseilen anstatt hinterherzuhinken. In einer idealen Welt wäre ein Papier wie BCBS 239 unnötig oder zumindest der Umsetzungsaufwand von vornherein gering. Es ist zu erwarten, dass sich im Lichte dieser Anforderungen auch viele Diskussionen über das aufsichtliche Meldewesen relativieren, denn die allermeisten Daten, die da erhoben werden, müssen intern vorliegen. Normalerweise würde es lediglich um den Mehraufwand gehen, diese Daten strukturiert auszuwerfen und zu übermitteln. Außerdem, und das nur als Nebeneffekt, können verbesserte Datenverarbeitungskapazitäten die Wettbewerbsposition von Banken gegenüber den Fintechs nur verbessern.

1.2 Auslagerungen

Ein weiteres Feld, bei dem Proportionalität eine Rolle spielt, sind Auslagerungen. Mit der MaRisk Novelle von 2007 wurden die Outsourcing-Regeln weitgehend liberalisiert. In der Rückschau stellt sich heraus, dass dies zu weitgehend war. Ein häufig beobachtetes Problem war, dass Banken viel ausgelagert haben und dabei teilweise den Überblick und/oder die Herrschaft über die ausgelagerten Prozesse verloren haben. Insbesondere war es bedenklich, wenn Kontrollfunktionen ausgelagert wurden. Deshalb wird erst einmal eine Grenze eingezogen: Die Risikocontrolling-Funktion kann nicht vollständig ausgelagert werden.

Wir wollen das Thema Auslagerungen auf seinen ökonomischen Kern zurückführen, denn wir haben beobachtet, dass Banken durch spitzfindige Vertragskonstruktionen die Auslagerungsregeln umgehen wollen, beispielsweise indem klare Auslagerungstatbestände als „Teilprojekte" oder „Dienstleistungen" deklariert wurden. Problematisch sind hier Softwarelösungen, die den Kern des

Risikomanagements betreffen, wie beispielsweise die Riskobeurteilung/das Rating von Kreditnehmern oder Vermögensgegenständen. Das geht nicht – entscheidend dafür, ob eine Auslagerung vorliegt, ist immer der Inhalt, nicht die Verpackung.

Wir sind davon überzeugt, dass die Institute das Thema „Auslagerungen" stärker und systematischer in den Fokus nehmen müssen. Deshalb ist es durchaus angemessen, wenn Institute, die umfangreich von Auslagerungen Gebrauch machen, auch ein zentrales Auslagerungsmanagement betreiben. In der zukünftigen Aufsichtspraxis wird es wichtig sein, diese Anforderung so auszugestalten, dass sie sowohl praktikabel als auch risikogerecht ist.

2. Interne Risikosteuerungsmodelle

Die Banken haben sich in den letzten Jahren immer stärker dazu entschlossen, interne quantitative Risikosteuerungsmodelle einzusetzen. Das ist sicherlich eine begrüßenswerte Entwicklung, weil die Erfahrungen der Aufsicht mit den internen Ratingverfahren in Säule 1 zeigen, dass die Einführung solcher Modelle wohltuende Auswirkungen auf das gesamte Risikomanagement hat: Prozesse werden strukturierter entworfen, Informationen systematischer verarbeitet, Risiken vergleichbarer gemacht, kurz: Das Risikomanagement wird gestärkt. Dies hat aber seinen Preis, denn zur Anwendung interner Modelle gehört immer auch, dass der prozessuale Aufwand insgesamt steigt, weil dafür eben auch ein bestimmter Wartungsaufwand erforderlich wird. Wer A sagt, muss auch B sagen, denn bestimmte Anforderungen bezüglich Modellentwicklung, Modellwartung und interner Modellaufsicht werden dann konsequenterweise auch automatisch mit relevant.

Viele dieser Anforderungen sind naturgemäß schon in Säule 1 formuliert. Ein häufig anzutreffendes Missverständnis ist, dass sie damit für solche rein intern eingesetzten Verfahren tabu wären. Hier müssen sie zumindest analog angewendet werden. Um nicht immer wieder die gleichen Diskussionen führen zu müssen, sind hier die MaRisk nachgeschärft, besonders im Bereich der Validierung von solchen internen Verfahren (vgl. Abbildung 2). Unabhängig davon für welchen Zweck interne Modelle eingesetzt werden, ihre effektive Validierung ist der Schlüssel für die Aussagekraft und Verwendbarkeit ihrer Ergebnisse.

Abbildung 2: *Die Novelle der MaRisk: Anforderungen an Modell-Validierung*

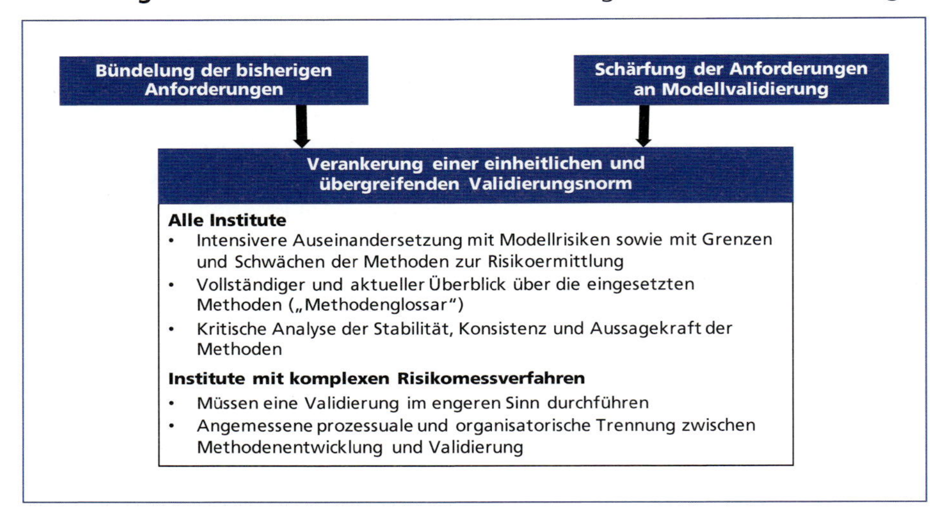

Eine ganz wesentliche Voraussetzung für einen erfolgreichen Modelleinsatz in der internen Risikosteuerung ist ein vollständiger Überblick über die dabei eingesetzten Methoden, ihren Anwendungsbereich und die Analyse ihrer Stärken sowie ihrer Grenzen und Schwächen. Und es gilt, je komplexer und umfangreicher die Methoden, desto größer muss auch der Einsatz hierbei sein. Ab einem bestimmten Komplexitätsgrad oder ab einer bestimmten Bedeutung für die interne Risikosteuerung muss dieser Prozess auch entsprechend formalisiert und strukturiert werden. Das bedeutet unter anderem, dass

- in regelmäßigem Turnus die Güte des Modells, also seine Stabilität, seine Vorhersagekraft und seine Anwendbarkeit, überprüft wird und
- dass eine umfassende quantitative und qualitative Validierung, damit sie wirksam sein kann, eine ausreichende Unabhängigkeit von Modellentwicklern und Modellvalidierern erfordert.

3. Proportionalität im Rahmen des SREP

Neben der Bedeutung für die Banken und die Gestaltung ihrer internen Prozesse hat das Thema Proportionalität noch eine zweite Seite, nämlich die Dosierung der Aufsichtsaktivitäten und -intensität. Dementsprechend widmet sich der Beitrag im nächsten Schritt der Ausgestaltung des Aufsichtlichen Überprüfungs- und Bewertungsprozesses (Supervisory Review and Evaluation Process, SREP). Folgendes ist die Ausgangslage: Seit dem 1. Januar 2016 gilt der in der CRD IV festgehaltene und in der SREP Guideline der Europäischen Bankenaufsichtsbehörde (EBA) konkretisierte, über die EU-Länder hinweg vergleichbare SREP. Dessen wesentlicher Bestandteil ist die Beurteilung der Kapital- und Liquiditätsausstattung sowie des internen Risikomanagements. Harmonisiert wird hier, was bei der Beurteilung berücksichtigt werden soll und wie aufsichtliche Reaktionen aussehen sollen.

Wichtigste Neuerung aus deutscher Sicht ist, dass Säule 1 und Säule 2 sehr viel stärker miteinander verzahnt sind. So müssen – im Gegensatz zu der früheren Praxis – Kapitalzuschläge für Säule-2-Risiken obligatorisch werden.

In den Beiträgen von Sabine Lautenschläger und Korbinian Ibel in diesem Band wurde bereits beschrieben, wie die EZB die Richtlinien der EBA für die großen Banken umgesetzt hat. Im Folgenden wird nun dargestellt, wie die deutsche Aufsicht die harmonisierten Anforderungen für die kleinen Banken erfüllen und dabei den Gedanken der Proportionalität verwirklichen wird. Hier kann zunächst einmal nur ein Übergangszustand dargestellt werden, weil der SSM an einem einheitlichen Konzept für alle kleinen Banken arbeitet – aber es ist ein Übergangszustand, den die Deutsche Bundesbank und die Bundesanstalt für Finanzdienstleistungsaufsicht (BaFin) für vereinbar mit den EBA-Richtlinien halten.

Zwar gibt es einen grundsätzlich einheitlichen Prozess für alle – die großen und die kleinen – Institute (vgl. Abbildung 3). In jedem Fall werden die Ertragsrisiken des Geschäftsmodells einer jeden Bank, die Unternehmensführung, das Risikomanagement und die Kapital- sowie Liquiditätsausstattungen beurteilt. Das Ergebnis ist dann die SREP-Gesamtbeurteilung – einschließlich einer Kapitalfestsetzung, in die die in Säule 1 und Säule 2 adressierten Risiken gemeinsam einfließen.

Proportionalität kann dann ins Spiel kommen, wenn es um die Beurteilungsintensität und die Beurteilungsmaßstäbe geht. In diese Beurteilungsmaßstäbe fließen genau jene Überlegungen ein, die soeben skizziert wurden: Erwartet wird nicht der letzte Stand der Technik, aber konsistente, nachvollziehbare, verstandene und robuste Verfahren, die eine sinnvolle Risikomessung und -steuerung erlauben.

Abbildung 3: *Proportionale Umsetzung der EBA SREP-Guidelines*

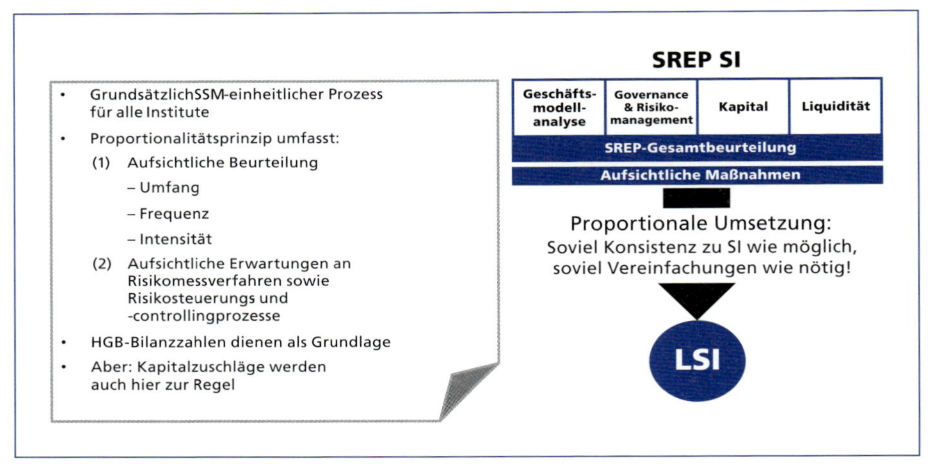

Angesichts der rund 1.600 kleinen Banken in Deutschland ist eine gewisse Standardisierung unumgänglich. Die SREP-Entscheidung ist am Ende eine Einzelfallentscheidung, die aber auf einem einheitlichen Verfahren aufbaut. Durch diese Standardisierung wird die Kapitalfestsetzung im Rahmen des SREP vergleichbar über alle Banken hinweg und überhaupt erst praktikabel und durchführbar. Mit der Standardisierung werden keineswegs die Institute über einen Kamm geschoren, vielmehr baut der deutsche SREP auf den Risikoprofilen und dem aufsichtlichen Meldewesen auf. In erstere gehen eine Vielzahl verschiedener Informationsquellen wie Prüfungsberichte, Erkenntnisse aus Aufsichtsgesprächen und Sonderprüfungen ein, sodass bereits hier individuelle Besonderheiten gut berücksichtigt werden können.

Ferner gehört für die Aufsicht zur Proportionalität beim SREP auch, auf vorhandenen Daten aufzubauen und den Turnus entsprechend der EBA Richtlinien zu wählen. Konkret heißt dies, dass, abgestuft nach Bedeutung der Banken eine SREP-Entscheidung im bis zu dreijährigen Turnus getroffen wird. Das alles entspricht nicht nur der Idee aufsichtlicher Proportionalität, sondern dürfte auch den Mehraufwand für alle Beteiligten in Grenzen halten.

Kern der SREP-Entscheidung ist eine Kapitalfestsetzung, mit der Säule 1 und Säule 2 in einen Säule-1-plus-Ansatz entsprechend der EBA-Richtlinien zusammengeführt werden. Das bedeutet, dass im Ergebnis der Kapitalfestsetzung zusätzlich zu den Kapitalanforderungen für Markt-, Kredit- und operationelle Risiken aus Säule 1 eine Säule-2-Kapitalanforderung bestimmt wird (vgl. Abbildung 4).

Abbildung 4: *Proportionale Umsetzung der EBA SREP-Guidelines*

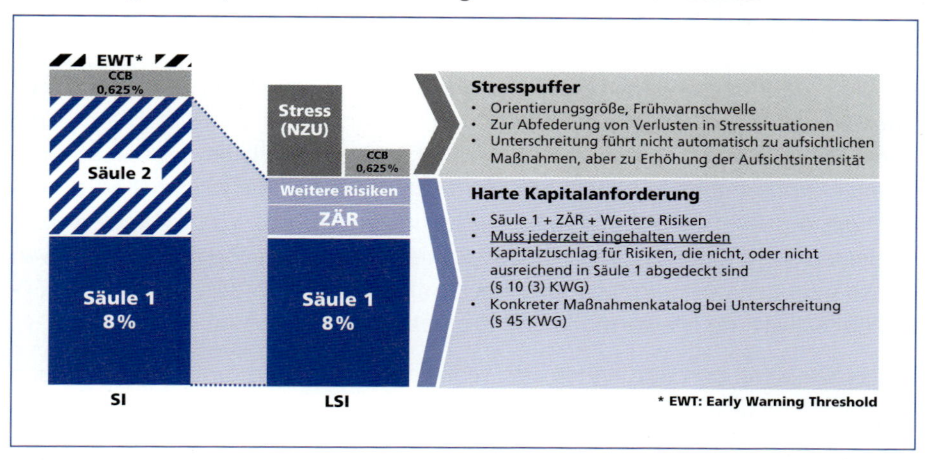

Ganz konkret gliedert sich diese in zwei Bausteine, eine „harte" Kapitalanforderung, die in jedem Fall eingehalten werden muss, und eine „pufferartige" Kapitalanforderung – die vom Inhalt her der von Sabine Lautenschläger in ihrem Beitrag in diesem Band ins Gespräch gebrachten „Capital Guidance" entspricht –, deren Einhaltung aber dennoch empfehlenswert ist. Sie funktioniert ähnlich wie die aus Säule 1 bekannten Kapitalpuffer. Die harte Kapitalanforderung soll die Risikoaspekte abbilden, während der Puffer Stressaspekte abbildet.

Durch diese Konstruktion wird einerseits eine gute Kapitalisierung der Banken sichergestellt, andererseits aber auch ermöglicht, dass im Stressfall noch Kapital zum Atmen vorhanden ist. Entsprechend unterschiedlich sind die Folgen einer möglichen Nichteinhaltung: Würde die harte Kapitalanforderung nicht eingehalten werden, würde das den Abwicklungsfall auslösen, während eine Nichteinhaltung des Stressteils zu aufsichtlichen Maßnahmen unterhalb einer Abwicklung führen würde.

Die gesamte Methodik wurde bereits an anderer Stelle vorgestellt und diskutiert,[2] und deshalb wird hier nicht allzu sehr auf die Details eingegangen, aber vielleicht soviel: In die harte Kapitalanforderung fließen zwei Komponenten ein. Die eine ist das Zinsänderungsrisiko aus dem Baseler Zinsschock als wichtigstes Risiko der Zielgruppe dieses SREP-Kapitalfestsetzungskonzeptes. Über alle Banken hinweg macht der Barwertverlust des Baseler Zinsschocks etwa 20 % der regulatorischen Eigenmittel aus und ist damit nach dem Kreditrisiko das bedeutendste Risiko der deutschen Banken.

Für den SREP ist berücksichtigt, dass der Baseler Zinsschock auch eine starke Stresskomponente hat und in einer heroischen Annahme die Hälfte dem in die harte Kapitalanforderung eingehenden Risikoteil zugeschlagen wurde. In einer zweiten Komponente werden alle weiteren wesentlichen Risiken berücksichtigt, die aus dem ICAAP stammen, dazu nutzen wir das ICAAP-Meldewesen. In beiden Komponenten werden den Zahlen die entsprechenden qualitativen Einschätzungen aus dem Risikoprofil gegenübergestellt, so dass wir in der SREP-Kapitalfestsetzung alle verfügbaren Informationen verwenden.

In der Stresskomponente finden sich schließlich erfolgswirksame Auswirkungen des Kreditrisiko- und Marktrisikoszenarios sowie des Zinsänderungsrisikoszenarios aus der Niedrigzinsumfrage. Das Ergebnis ist ein für SIs und LSIs sehr vergleichbares Ergebnis – in der Struktur. Durch die Kalibrierung ist sichergestellt, dass hier eine sehr anschauliche Form von Proportionalität gilt: Für die LSIs ist alles ein bisschen kleiner als für die signifikanten Institute.

---

2 Wieck, Sören (2016): SREP Kapitalfestsetzung. Methodik für weniger bedeutende Institute Sören Wieck, Deutsche Bundesbank. Vortrag bei der Veranstaltung „Neues SREP Konzept der Aufsicht" am 4. Mai 2016 bei der BaFin in Bonn (*Link: http://www.bafin.de/SharedDocs/Downloads/DE/Rede_Vortrag/dl_160504_Neues_SREP_Konzept_vortrag_2.pdf;jsessionid=26D35DB6DD6A47A469FE405F07726CA5.1_cid372?__blob=publicationFile&v=7*).

4. Fazit

Der Beitrag kann in drei Punkten zusammengefasst werden:

Erstens: Das regulatorische Umfeld ist zu weiten Teilen ein internationaler Kompromiss, der viele Aspekte berücksichtigt und einen einheitlichen Schirm über viele Beteiligte spannt, nämlich viele Länder mit unterschiedlichen Finanzsystemen und unterschiedlichen Aufsichtstraditionen. Die regulatorischen Rahmenbedingungen spiegeln die Komplexität der Welt in einem Kompromiss wider. Es ist unrealistisch anzunehmen, dass sich am regulatorischen Umfeld sehr viel ändern wird, insofern wird dieser Aspekt absehbar weiterbestehen.

Zweitens: In manchen Anforderungen, z. B. Berichtswesen, Datenhaltung und Vergütungen usw. ist Proportionalität schon von vornherein angelegt, denn hier haben kleinere Banken bedingt durch ihre Größe und geringe Komplexität weniger Aufwand. Von keiner kleinen Bank wird erwartet, dass sie einen Modellansatz implementiert, und die Standardansätze für das Kreditirisiko sind durchaus gut beherrschbar.

Und schließlich drittens: Wenn Proportionalität nun noch explizit ins Spiel kommt, dann vor allem als ein Mittel, um Prozesskosten gegen Kapitalkosten zu tauschen. Proportionalität, so verstanden, führt dazu, dass einfach gestrickte Banken auch einfach gestrickte Prozesse und Methoden anwenden können, ohne dabei aber ihre Risiken aus dem Auge zu verlieren. Dies ist unabdingbar. Denn, wie gesagt, nur wenn die wesentlichen Risiken vollständig erfasst und auch in der Risikomessung mit geeigneten und konsistenten Annahmen abgebildet werden können, akzeptiert die Aufsicht die internen vom Institut gewählten Verfahren.

Auf keinen Fall sollte deshalb Proportionalität mit Nostalgie verwechselt werden, als Fahrkarte zurück in eine vermeintlich einfachere Welt.

Podiumsdiskussion

Dr. Stefan Blochwitz

Leiter der Abteilung Bankgeschäftliche Prüfungen
und Umsetzung internationaler Standards
Deutsche Bundesbank

Prof. Dr. Thomas Hartmann-Wendels

Direktor des Seminars für Allgemeine Betriebswirtschaftslehre
und Bankbetriebslehre
Universität zu Köln

Martin Hettich

Vorstandsvorsitzender
Sparda-Bank Baden-Württemberg eG

Thomas Hartmann-Wendels | ***Jukka Vesala*** | ***Gerhard Schick***

Proportionalität in der Aufsichtspraxis

Dr. Christian Ossig

Mitglied der Hauptgeschäftsführung
Bundesverband deutscher Banken e.V.

Dr. Gerhard Schick

Stellvertretender Vorsitzender des Finanzausschusses
Mitglied des Deutschen Bundestages

Dr. Jukka Vesala

Generaldirektor Mikroprudenzielle Aufsicht III
Europäische Zentralbank

Philipp Otto

Moderator
Zeitschrift für das gesamte Kreditwesen

Stefan Blochwitz	*Christian Ossig*	*Martin Hettich*

Podiumsdiskussion

Proportionalität in der Aufsichtspraxis

Herr Otto

Herr Vesala, seit etwa eineinhalb Jahren gibt es die Zusammenarbeit zwischen EZB und nationalen Aufsehern im Bereich der Locals, der Less Significant Institutions. Wie fällt ein erstes Fazit aus, wie zufrieden sind Sie mit der Zusammenarbeit?

Herr Vesala

Zunächst einmal möchte ich mich bei der Deutschen Bundesbank und bei Erich Loeper herzlich für die Einladung zu diesem Symposium bedanken. Es ist eine sehr gelungene und interessante Veranstaltung. Zu Ihrer Frage, Herr Otto: Ich möchte betonen, dass wir von einem gemeinsamen Aufsichtssystem sprechen. Die EZB und die nationalen Aufsichtsbehörden haben innerhalb dieses Systems eine exzellente Zusammenarbeit. Wir arbeiten als ein Team zusammen, es gibt keinen Wettbewerb zwischen uns. Wir treffen uns sehr oft, wir erarbeiten gemeinsame Standards und diskutieren aufsichtliche Fragestellungen. Von dieser Zusammenarbeit und diesem Austausch profitieren wir alle, denn gerade die Gruppe der kleineren Banken ist sehr heterogen, es gibt verschiedene Geschäftsmodelle, und das ist etwas, was wir erhalten wollen.

Auf der anderen Seite ist die europäische Aufsichtsstruktur sehr klar: Große Institute werden direkt von der EZB beaufsichtigt, kleinere sind und bleiben im Zuständigkeitsbereich der nationalen Behörden. Wir als EZB sind in diesem Zusammenhang für die Konsistenz der Aufsicht verantwortlich, ohne diese Verteilung der Zuständigkeiten infrage zu stellen. Es gibt keine Hidden Agenda, auch die Aufsicht über kleine Banken übernehmen zu wollen.

Aus der Perspektive eines kleineren Instituts gibt es nach dem Start des SSM viel Kontinuität: Weiterhin sind BaFin und Bundesbank für die Aufsicht zuständig, also genau die Ansprechpartner, die es schon lange kennt. Als EZB agieren wir primär im Hintergrund und fokussieren uns auf die Unterstützung der nationalen Aufsichtsbehörden. Wir entwickeln gemeinsame europäische Aufsichtsstandards für kleinere Institute und heben dadurch die Aufsichtsqualität im gesamten SSM. Hieraus folgt, dass der Hauptteil der praktischen Arbeit durch die Kollegen in den nationalen Aufsichtsbehörden erfolgt. In die direkte Aufsicht einzelner Institute müssen wir nur selten eingreifen. Dies kann der Fall sein, wenn der nationale Aufseher nicht so rasch wie nötig auf Probleme reagiert oder wenn einem Institut die Erlaubnis entzogen werden muss. Denn wie Sie wissen, ist die EZB zuständig für die Erteilung und Aufhebung von Lizenzen für alle Banken im SSM.

Weiterhin analysieren wir als EZB Bankensektoren, Verbindungen und Abhängigkeiten zwischen kleineren Banken, und gerade in Deutschland ist das von besonderer und systemischer Relevanz. Sparkassen und Genossenschaftsbanken sind sehr wichtig in Deutschland, und sie haben auch eine klare systemische Relevanz, aber das bedeutet nicht, dass wir diese der direkten Aufsicht unterstellen wollen oder müssen. Es handelt sich noch immer um viele einzelne Banken und die Aufsicht in Deutschland funktioniert gut. Es gibt also weder die Notwendigkeit noch die rechtliche Grundlage, diese Gruppen jeweils als ein einziges systemrelevantes Institut zu definieren und sie entsprechend zu beaufsichtigen.

Es gibt allerdings einen Aspekt, den wir uns im Laufe des zurückliegenden Jahres recht genau angeschaut haben, und zwar die aufsichtliche Beurteilung der Institutssicherungssysteme. Die EZB hat einheitliche Kriterien für die aufsichtliche Beurteilung von solchen Systemen entwickelt, zurzeit analysieren wir die Kommentare aus der öffentlichen Konsultation, um die Kriterien zu finalisieren.

Herr Otto

Frau Lautenschläger sagte heute Morgen, aus ihrer Sicht seien Sparkassen und Volks- und Raiffeisenbanken natürlich als Ganzes systemrelevant. Sie sagen jetzt, Sie sehen keinen Grund, diese als Gruppe systemrelevant zu beaufsichtigen. Ist das ein Widerspruch?

Herr Vesala

Nein, das ist kein Widerspruch. Diese Gruppen sind zweifelsohne als Ganzes systemrelevant. Aber das bedeutet nicht, dass wir sie als eine Gruppe beaufsichtigen und unter die EZB-Aufsicht nehmen werden. Es bleiben einzelne Institute, die national beaufsichtigt werden.

Herr Otto

Herr Blochwitz, wenn ich Herr Vesala richtig verstanden habe, kann sich die EZB direkt in die Beaufsichtigung auch kleiner Institute einmischen, wenn Sie als nationaler Aufseher nicht funktionieren, richtig?

Herr Blochwitz

Das ist richtig. Das kann die EZB machen, hat sie aber bis jetzt noch nicht gemacht.

Herr Otto

Hier in Deutschland war das noch nicht nötig, weil BaFin und Bundesbank gut genug sind?

Herr Blochwitz

Es war nicht nötig.

Herr Otto

Können Sie als nationale Aufseher auch in dem neuen Aufsichtssystem noch ausreichend Proportionalität walten lassen?

Herr Blochwitz

Ja, ich denke, das ist schon der Fall. Der größte Anwendungsbereich für Proportionalität ist die Säule 2. Rechtliche Grundlage ist die CRD, die sich hauptsächlich im § 25a KWG niederschlägt. Konkretisiert wird das noch über die MaRisk. In den MaRisk gibt es genügend Anhaltspunkte für Proportionalität. Allerdings wird Proportionalität hier vorwiegend als Proportionalität nach unten diskutiert. Es gibt auch Proportionalität nach oben. Die MaRisk sind Mindestanforderungen, das heißt, dass von manchen Banken durchaus erwartet werden kann, dass sie auch über diese Mindestanforderungen hinausgehen.

Herr Otto

Herr Schick, das Thema Proportionalität ist natürlich kein neues Thema. Darüber reden wir seit gefühlt 20 Jahren. Trotzdem sitzen wir heute wieder in namhafter Runde zusammen und diskutieren. Warum kommt das Thema Proportionalität in der Aufsicht immer wieder hoch? Oder wird unter diesem Schlagwort einfach alles subsumiert, was den Banken an aufsichtlichen Anforderungen nicht gefällt?

Herr Schick

Es ist wichtig, das Thema Proportionalität etwas weiter zu fassen. Proportionalität ist nichts, was uns nur im Bankensektor begegnet. Sondern es ist doch generell die Frage, ob die Entwicklung von technischen Normen, steuerlichen Normen und bürokratischen Lasten dazu führt, dass der Konzentrationsprozess beschleunigt wird. Da müsste der Staat dann im Sinne kluger Ordnungspolitik dagegenhalten. Es ist ja nicht nur so, dass kleine Banken verschwinden in unserem Markt, sondern es schließt auch im Durchschnitt jeden Tag in Deutschland eine kleine Bäckerei, an deren Stelle große Filialisten mit zweifelhafter Qualität ihrer Produkte rücken. Proportionalität ist eine generelle Herausforderung.

Darüber hinaus gibt es spezifische Gründe, warum Proportionalität im Bankenbereich eine besondere Bedeutung hat. In einem sehr eng regulierten Markt ist die Gefahr, dass der Staat, dass Vorschriften zu einem Konzentrationsprozess beitragen, noch größer als in weniger eng regulierten Bereichen. Und gerade die Kreditwirtschaft in Deutschland ist sehr heterogen, sowohl was die Geschäftsmodelle als auch die Größen der einzelnen Institute betrifft. Was aus der Branche selbst heraus an Regulierungsvorschlägen kommt, ist allerdings sehr stark von den jeweiligen Verbänden geprägt, die wiederum vor allem von den großen Instituten beeinflusst sind. Welche kleine Bank hat die Möglichkeit, ständig einen Vertreter nach Berlin zu entsenden, um an den Diskussionen mitzuwirken?

Deswegen würde ich sagen, der Ball beim Thema Proportionalität liegt nicht nur bei Politik und Aufsicht, sondern liegt auch bei den Verbänden. Wir müssen uns über die Frage unterhalten, wie es möglich ist, die Anliegen von kleinen Instituten durch eigenständige Vorschläge schon im Gesetzgebungsprozess systematisch stärker zu berücksichtigen. Ich glaube, es wäre gut, einen eigenen Regulierungsansatz für wirkliche Kleinstinstitute zu haben. In Kanada und den USA muss sich eine kleine Bank mit dem Thema Basel überhaupt nicht beschäftigen, weil von vornherein klar ist, dass es sie nicht betrifft. Ich fände es gut, wenn wir so etwas auch für Europa hätten, dass wirklich kleine Regionalinstitute mit einem eingeschränkten Geschäftsmodell anders und woanders reguliert sind und dann viele Diskussionen von neuen internationalen Entwicklungen überhaupt nicht fürchten müssen.

Herr Otto

Das ist im Grunde genommen der Small-Banking-Box-Vorschlag. Das heißt, Sie sind ausnahmsweise einer Meinung mit unserem Finanzminister?

Herr Schick

Inzwischen ist der Finanzminister meiner Meinung. Ich hab dieses Thema schon vor Jahren mit den Spitzen der Verbände besprochen. Aber weder der Sparkassenverband noch der Genossenschaftsbankenverband waren bereit, diesen Ansatz zu unterstützen. Ich denke, weil man dann im eigenen Verband unterscheiden müsste, was ist eigentlich eine kleine Bank. Die Small Banking Box kann nicht für die Sparkasse Hamburg oder die größeren bundesweit tätigen oder auch größeren regionalen Genossenschaftsbanken gelten. Die sind eindeutig über „ganz small" hinaus. Das macht es natürlich für die Verbände schwierig, sich auf so einen Ansatz einzulassen. Denn irgendwo muss man den Schnitt ziehen, und das braucht politische Energie, die eben nicht so ganz einfach zu erzeugen ist.

Herr Otto

Herr Ossig, stimmt das? Der BdB ist sicherlich der heterogenste deutsche Bankenverband mit mehr als zweihundert Mitgliedern, darunter die größten deutschen Banken, aber eben auch sehr kleine und regional tätige Institute. Kann man da keine einheitlichen Lösungen erzielen, wie es Herr Schick gerade sagte?

Herr Ossig

Deutschland lebt von seiner Bankenvielfalt. Es gibt Sparkassen und Genossenschaftsbanken. Diese haben recht ähnliche Geschäftsmodelle, stehen aber untereinander nicht im Wettbewerb, und haben jeweils einen starken Verbund, der sie unterstützt. Auf der anderen Seite gibt es die privaten Banken. Hier reicht die Bandbreite von großen internationalen bis zu kleinen regionalen Instituten, von sehr spezialisierten Instituten bis hin zu Universalbanken. Diese stehen alle im Wettbewerb zueinander. Von den rund 200 Mitgliedern des Bundesverbandes deutscher Banken unterliegen nur etwas über 10 % der direkten Aufsicht durch die EZB. Dabei sind sechs Institute als bedeutend eingestuft, hinzu kommen rund 20 deutsche Töchter von ausländischen bedeutenden Instituten. 100 Banken, also knapp die Hälfte unserer Mitgliedschaft, sind Banken, die haben weniger als 100 Mitarbeiter. Das ist, wie Sie sagen, eine sehr heterogene Gruppe.

Aus dieser Erfahrung der Vielfalt heraus glaube ich, müssen wir Proportionalität anders definieren. Allein die Größe eines Instituts als Maßstab für Proportionalität reicht nicht aus. Es müssen auch die Art der Geschäfte, der Umfang der Geschäfte und vor allem die Risikoausrichtung berücksichtigt werden. Ich kann das an einen ganz einfachen Beispiel verdeutlichen: Auf der einen Seite steht eine große Bank mit 100 Milliarden Euro Bilanzsumme. Diese macht ein sparkassenähnliches Geschäft, sammelt Einlagen ein und reicht diese in der Region als Kredit wieder aus. Auf der anderen Seite steht Herstatt 1973. Eine kleine Bank mit einer Bilanzsumme von gerade einmal zwei Milliarden D-Mark, aber mit einem hochkomplexen Geschäftsmodell und international vernetzt. Das kann nicht unberücksichtigt bleiben bei der aufsichtlichen Behandlung, denn wie Herstatt ausging wissen wir alle. Das zeigt, Ausnahmen für kleine Institute allein von der Größe abhängig zu machen, kann nicht im der Interesse der Allgemeinheit sein.

Herr Otto

Herr Hettich: Herr Schick hat gesagt, ich vereinfache es, die Belange kleiner Banken gehen unter in der ganzen Diskussion um Proportionalität. Die Sparda-Bank Baden-Württemberg hat eine Bilanzsumme von rund 15 Milliarden Euro, ist also eine der ganz großen Genossenschaftsbanken und läge im BdB damit etwa auf Platz 20 unter den Mitgliedern. Wie sehen Sie dieses Spannungsfeld zwischen großen und kleinen Instituten?

Herr Hettich

Ich kann Herrn Ossig nur zustimmen, dass wir nicht nur nach Größenklassen, sondern auch nach Risikoprofil und Ausrichtung des Unternehmens unterscheiden müssen. Aber aus den Erfahrungen der Bankenkrise heraus, als einige sehr große Institute gerettet werden mussten, orientieren sich Regulierung und Aufsicht derzeit an den großen Banken. Nur Institute mit einer Bilanzsumme von 30 Milliarden und mehr werden direkt von der EZB beaufsichtigt. Da ist die Sparda-Bank Baden-Württemberg zum Glück noch sehr weit weg von.

Die Krux ist, dass die Regeln daher für große, international tätige Banken gemacht werden und dann relativ ungefiltert nach unten für alle anderen Institute durchgereicht werden. Ich wünsche mir, dass die Regulierer einen anderen Ansatz verfolgen würden, nämlich nicht top-down, sondern bottom-up. Statt die allgemeinen Regeln für die kleinen Banken abzuschwächen, sollte es für diese Institute eine gewisse Basisregulierung geben, die je nach Größe des Instituts und Risikogehalt des Geschäftsmodells immer umfangreicher und komplexer wird. Das heißt, diese Small Banking Box müsste neu gedacht werden, nicht Erleichterungen für kleine, sondern Aufschläge für große Häuser. So könnte viel der Verunsicherung in den kleinen Häusern, die sich ständig fragen müssen, was kommt da noch alles auf uns zu, vermieden werden.

Herr Otto

Herr Schick.

Herr Schick

Nur damit es kein Missverständnis gibt: Ich habe vorhin ganz bewusst von einer Small Banking Box für kleine Institute mit eingeschränktem Geschäftsmodell gesprochen. Aber in der Sache haben wir überhaupt keinen Dissens, das aufsichtliche Handeln muss sich an mehreren Dimensionen orientieren, nicht nur an der Größe. Tut es aber nicht immer. Wenn man mal die Anzahl der Aufseher, die sich mit einem Institut beschäftigen, in ein Verhältnis zur Bilanzsumme setzt, so ist die Aufsichtsdichte bei kleinen Instituten größer als bei den großen Spielern. Große Häuser sind relativ von der Bankenabgabe und anderen regulatorischen Kosten weniger belastet als kleine Banken. Große Institute zahlen wegen internationalen Verlagerungsmöglichkeiten relativ gesehen weniger Steuern als die kleinen Institute. Es gibt eine massive Benachteiligung von kleinen Instituten gegenüber großen. Das ist leider so.

Herr Otto

Herr Vesala, Sie merken, es ist ein emotionales Thema: Wie definiert die EZB Proportionalität? Was sind für Sie die richtigen Kriterien neben der Größe?

Herr Vesala

Aus aufsichtlicher Perspektive sind natürlich die Risiken, also der Risikogehalt eines Instituts, das Wichtigste. Dementsprechend hat die EZB mit dem SREP, dem Supervisory Review and Evaluation Process, eine Priorisierungsmethodik entwickelt, mit der sich Banken im Euroraum unterscheiden lassen. Diese Methodik orientiert sich vor allem an ökonomischen Aspekten und basiert auf dem Risikoprofil eines Instituts. So können wir unsere Arbeit auf die systemisch wichtigsten Institute konzentrieren.

Proportionalität ist die Leitschnur unseres gesamten Handelns. Wir sind uns absolut bewusst, dass es viele Dinge gibt, die die Banken belasten, viele neue Anforderungen durch die Regulatorik. Durch die Zusammenarbeit im SSM stehen wir mit den nationalen Aufsehern, die die kleinen Institute beaufsichtigen, in ständigem Austausch. Wir kennen die kritischen Punkte für Proportionalität sehr gut. Diese Erfahrungen nutzen wir zum Beispiel bei der Implementierung von EBA-Anforderungen und der Entwicklung von gemeinsamen Aufsichtsstandards. Zum Beispiel wurden gemeinsam mit den Kollegen der nationalen Aufsichtsbehörden Anforderungen an vereinfachte Sanierungspläne entwickelt. Auch im Meldewesen, über das sicherlich viel diskutiert wird, haben wir eine gute Balance gefunden. Wir fragen nur Daten ab, die wir wirklich für unsere Arbeit brauchen. Und ich glaube auch, dass diese Daten nicht für die Aufseher, sondern die Banker selbst, für ein gutes Management sehr nützlich sind.

Herr Otto

Herr Hartmann-Wendels, die Banken beklagen den Aufwand, die Aufseher versuchen zu relativieren. Kann die Wissenschaft da helfen? Ist erwiesen, dass Regulierung die kleinen Banken deutlich stärker belastet als die großen?

Herr Hartmann-Wendels

Es gibt leider keine wirklich belastbaren Daten zu diesem Thema. Ich selbst habe vor einigen Jahren mal eine Erhebung versucht. Wir wollten damals von Banken hören, wie hoch bei ihnen die Kosten der Regulierung eigentlich sind. Es war den Instituten aber nicht möglich, uns diese Informationen zu liefern, da sie sich eine Welt ohne Regulierung gar nicht mehr vorstellen konnten. Um den tatsächlich durch Regulierung entstehenden Aufwand zu ermitteln, müsste man eine fiktive Bank frei von allen Vorschriften schaffen. Dann könnte man den Unterschied zu einer normal regulierten Bank feststellen.

Wir haben dann 2011 eine Erhebung bei den Leasing- und Factoring-Unternehmen durchgeführt, die drei Jahre zuvor einer eingeschränkten Bankenaufsicht unterworfen wurden. Unsere Hoffnung war, dass diese Unternehmen den Unterschied zwischen einer regulierten und unregulierten Welt nachhalten können. Leider erhielten wir auch hier keine belastbaren Informationen, da der Rücklauf sehr gering war. Allerdings deutete sich aus den wenigen Antworten schon an, dass die kleineren Institute tendenziell stärker belastet wurden als die größeren Häuser. Und, da kann ich Herrn Vesala bestätigen, dass gerade die größeren Unternehmen durchaus einen Nutzen der Regulierung für die interne Steuerung sahen, kleine dagegen nicht.

Herr Otto

Herr Hettich, Sie können doch bestimmt sagen, was Sie die Regulierung kostet in Ihrem Haus?

Herr Hettich

Ich kann es im Detail leider auch nicht sagen, denn es ist genauso, wie Herr Hartmann-Wendels es analysiert. Regulierung schleicht sich in die Unternehmensorganisation ein, in das Rechnungswesen, in das Meldewesen, in die ganzen Stäbe.

Aber wenn man mal den Zeitraum zwischen 2008 und 2015 betrachtet, in dem etwa fünfhundert neue Vorschriften erlassen wurden, von Aufsicht über Verbraucherschutz bis hin zu Datenschutz, hat sich der Aufwand in unserem Haus um fünf Millionen Euro erhöht.

Herr Otto

Wie hoch ist Ihre Kostenbasis insgesamt?

Herr Hettich

Wir haben einen Gesamtkostenblock von etwa 110 Millionen Euro, das heißt, die Steigerung durch zusätzliche Regulierung um fünf Millionen Euro entspricht etwa einem Anstieg der Kosten um mehr als 4,5 %. Das ist schon eine spürbare Veränderung, gerade für eine Genossenschaftsbank, die der wirtschaftlichen Förderung ihrer Mitglieder verpflichtet ist. Letztlich sind das fünf Millionen Euro, die wir den Mitgliedern nicht zukommen lassen können. Um es noch mal deutlich zu machen: Ich bin kein Gegner von Regulierung, ganz im Gegenteil, diese ist wichtig, denn sie fördert die Stabilität und letztlich auch den Wettbewerb unter den Banken. Aber ich bin dafür, dass die Differenzierung etwas stärker ausgebaut wird.

Herr Otto

Herr Blochwitz, wenn ich mir den zugegebenermaßen großen und größer werdenden regulatorischen Instrumentenkasten anschaue, mit GSIFI-Zuschlägen, SREP-Zuschlägen, Standardansätzen, internen Modellen und vielem mehr, steckt da nicht schon jede Menge Proportionalität drin?

Herr Blochwitz

Wenn man über Regulierung redet, muss man über komplexe Regulierung in einer komplexen Welt reden. Und auch kleine Banken, von denen für das Gesamtsystem sicherlich weniger Gefahren ausgehen als von großen Häusern, bedürfen einer intensiven Aufsicht. Denn es kommt häufiger vor, dass sich beispielsweise bei einer genaueren Analyse der Depot-A-Geschäfte keineswegs nur einfache und verständliche Produkte finden, sondern auch Produkte mit einem relativ hohen Risikogehalt. Soll der Aufseher das nun ignorieren, nur weil es sich um eine kleine Bank handelt, oder soll er dem Risiko auf den Grund gehen?

Herr Otto

Letzteres, denke ich.

Herr Blochwitz

Denke ich auch. Wenn der Aufseher – und ja eigentlich in erster Linie auch die Bank – sich das aber nun genauer anschauen will, hängt da wiederum ein ganzer Rattenschwanz dran, er braucht Daten, es folgen weitere Vorschriften, die zu beachten sind, und und und. Ich glaube nicht, dass man einen Teil davon ausblenden kann, nur weil es sich um eine kleine Bank handelt. Das kann in der Praxis nicht so ohne Weiteres funktionieren.

Natürlich kann man sich immer mehr Proportionalität und damit vielleicht auch mehr Gerechtigkeit wünschen. Aber zu der ganzen Diskussion möchte ich folgende Anekdote erzählen: Es wird erzählt, dass Herr Schäuble, als er Finanzminister wurde, alle Steuerexperten des Landes zusammengerufen habe und sie bat, ihm die zehn unsinnigsten Regeln der deutschen Steuergesetzgebung zu nennen. Diese würden dann abgeschafft. Nach intensiven Beratungen der Experten war das Ergebnis, dass die Frist für die elektronische Einreichung von Einkommenssteuererklärungen um drei Monate verlängert wurde.

Was ich damit sagen will: Es ist sicher eine gute Idee, die Wirkung von Vorschriften auf die Banken, gerade die kleineren Institute immer wieder zu hinterfragen. In der aufsichtlichen Alltagsarbeit wird es mit der Umsetzung möglicher Erleichterungen dann aber schon sehr viel schwieriger, weil klein nicht immer einfach und risikoarm heißt. Und ich meine, man sollte fairerweise den Nutzen eines sicheren Systems und stabilerer Banken den Kosten gegenüberstellen.

Herr Otto

Herr Ossig, haben wir schon genug Proportionalität in der Aufsicht? Oder wo geht es Ihnen nicht weit genug?

Herr Ossig

Nur noch mal kurz zu Herrn Blochwitz: Die verschärften aufsichtsrechtlichen Kapitalanforderungen haben die Stabilität des Systems zweifelsohne erhöht. Aber dieses Kapital erhöht auch die Kosten und fehlt mitunter an anderer Stelle.

Zu Ihrer Frage, Herr Otto: Ganz klare Antwort, in der Praxis haben wir nicht genügend Proportionalität, das Proportionalitätsprinzip wird nicht ausreichend berücksichtigt. Und das ganz besonders in der täglichen Aufsichtspraxis für kleine Institute. Ich weiß von einer kleinen Bank mit unter hundert Mitarbeitern, die haben drei Leute im Risikocontrolling. Als die Aufsicht zu Besuch kam, kamen die mit acht Mann. Diese haben erst mal den gesamten Bankbetrieb lahmgelegt. Das Meldewesen, Herr Vesala, haben Sie angesprochen. Hier gibt es unheimlich viele neue Initiativen im Rahmen des EZB-Meldewesens über Ana-Credit bis hin zur Meldung von Liquiditätskennziffern. Dabei gibt es eine Vielzahl von Daten, die sowohl im Rahmen des nationalen Meldewesens als auch gegenüber der EZB gemeldet werden müssen. Dies führt zu unnötigen Mehrbelastungen.

Das Problem ist, dass die neuen Dinge immer dazukommen, weggestrichen wird nie etwas. Es ist ja nicht so, dass Ana-Credit die alte Millionenkreditmeldegrenze ersetzt hat. Wir reden immer nur über weitere, zusätzliche Anforderungen. Deren Bewältigung stellt natürlich die kleineren Häuser vor große Herausforderungen und führt zu hohem Aufwand. Allerdings sollte man sich in der Diskussion nicht nur auf die Größe beziehen. Die Small Banking Box ist ein Ansatz, Herr Schick, den wir als Bankenverband grundsätzlich unterstützen, aber eine Zwei-Klassen-Aufsicht ist unserer Meinung nach nicht im Interesse der Allgemeinheit. Grundsätzlich muss aus unserer Sicht die Grundidee der Aufsicht gelten, nämlich „same business, same risk, same rule“. Institute mit gleichem Geschäftsmodell und gleichem Risikogehalt sollten auch gleichen Regeln unterliegen, unabhängig von der Größe.

Herr Otto

Was halten Sie von dem Vorschlag von Herrn Hettich, den Top-down-Ansatz umzukehren in einen Bottom-up-Ansatz?

Herr Ossig

Aus meiner Sicht reicht die Unterscheidung klein/groß bei diesen Fragestellungen nicht aus. Es geht doch um den Risikogehalt des Geschäftsmodells und damit die Gefahren für das System. Institute mit einem besonders ausgeprägten Risikoprofil müssen mehr leisten.

Herr Otto

Herr Schick.

Herr Schick

Es fiel jetzt schon mehrfach das Stichwort Komplexität. Da die Geschäfte und die Banken immer komplexer werden, wird auch die Regulierung immer komplexer.

Sie werden meiner Ansicht nach aber immer scheitern, wenn Sie Komplexität mit Komplexität bekämpfen. An ein paar Stellen müssen wir uns einfach fragen, ob der Ansatz nicht insgesamt eine zu hohe Dichte reinbringt, Beispiel Verbraucherschutz. Ein schwieriges Thema, ich weiß. Auch hier ist es so, dass mit ganz vielen Informationsanforderungen versucht wird, einen besseren Verbraucherschutz zu erreichen. Das führt aber nicht zu dem Ergebnis, das wir wollen. Die Masse an Ausdrucken, die jeder Kunde mitbekommt, bedeutet nicht wirklich ein Mehr an Verbraucherschutz. Viel besser ist meines Erachtens, direkt an die offensichtlichen Interessenkonflikte heranzugehen. Ich bin deswegen ein Freund von Nettoprodukten, von einer klaren Trennung von Beratungsvergütung von anderen Entgelten.

Und ich bin auch bei Ihnen, Herr Ossig. Man könnte Komplexität und Regulierungsdichte verringern, wenn wir auf der anderen Seite ein paar Regeln abziehen würden. Ich glaube, es kann mit einer Leverage Ratio dem Risikogehalt von sehr einfachen Geschäftsmodellen durchaus begegnet werden. In sehr komplexen Geschäftsmodellen komme ich mit diesem Ansatz nicht mehr weiter, dann muss ich mir die einzelnen Risiken anschauen. Erleichterungen sind abhängig vom Geschäftsmodell.

Herr Otto

Herr Vesala, wie stehen Sie zu dem Gedanken einer Small Banking Box?

Herr Vesala

Wir glauben an die Idee eines Single Rule Book mit viel Proportionalität dahinter.

Herr Schick

Sie halten also den Ansatz der USA und Kanadas für problematisch, bei dem kleinere Banken aus der großen Regulierung herausgenommen sind, die nur für die international tätigen Großbanken gilt? Zeigen gerade diese Erfahrungen nicht, dass es kein Single Rule Book braucht?

Herr Vesala

Ich glaube, das Single Rule Book ist für Europa ein großer Vorteil, um Banken, die miteinander im Wettbewerb stehen, zu beaufsichtigen. Das heißt nicht, ich sage es gerne noch einmal, dass es da keine Proportionalität geben darf. Im Gegenteil. Auch unter dem Single Rule Book wurde schon viel für die Proportionalität getan, Stichwort Meldewesen, Stichwort Sanierungspläne, Stichwort SREP, um nur einiges zu nennen. Das Konzept, das wir in Europa haben, lässt echte Proportionalität zu.

Herr Otto

Herr Hartmann-Wendels, früher gab es bestimmte Leitplanken, zwischen denen sich die einzelnen Spieler mehr oder weniger frei bewegen durften, heute hat jeder Spieler seinen eigenen Schiedsrichter: War die prinzipienorientierte Aufsicht besser als die heutige Einzelfallorientierung? Erhöht Letztere nicht auch die Komplexität, die wir doch eigentlich aus dem System rauskriegen wollen?

Herr Hartmann-Wendels

Klare Regeln sind gut, sie schaffen Rechtsicherheit, sie schaffen auch Sicherheit darüber, ob eine Regel eingehalten worden ist oder ob sie verletzt wurde. Aber jede Regel schafft natürlich immer auch Anreize, sie zu umgehen. Man kann keine allgemeinen Regeln erlassen, die dann für alle Fälle gleich gut passen und alles abdecken. Deshalb hat man als Ergänzung die Einzelfallregulierung eingeführt. Ich halte das im Prinzip für sinnvoll. Allerdings schafft das eine gewisse Rechtsunsicherheit. Das ist ein bisschen so, als wenn man die allgemeine Vorschrift, in geschlossenen Ortschaften nicht schneller als 50 km/h fahren zu dürfen, abschafft und fortan sagt, die Verkehrsteilnehmer müssen der Verkehrslage angemessen fahren. Aber was heißt jetzt angemessen? An dem einen Tag werden sie mit 50 km/h von der Polizei wegen zu schnellen Fahrens angehalten, am nächsten Tag mit 40 km/h, dann wieder mit 60 km/h oder mit 30 km/h. Ein bisschen so fühlen sich die Banken heute, wenn die Regelungen immer detaillierter, aber auch weniger klar werden.

Herr Otto

Aber ist die Branche daran nicht auch selbst schuld, da sie die Freiheiten über Gebühr ausgenutzt hat?

Herr Hartmann-Wendels

Bis zur Finanzmarktkrise waren die Regulierungsbehörden doch ziemlich in der Defensive. Regulierung galt als notwendiges Übel, der Mainstream war: lieber weniger als mehr Vorschriften. Wenn die Bankenaufsicht eine Bank zu hart angefasst hätte, hätte sich damals sicherlich sogar die Politik eingeschaltet. Mit der Finanzmarktkrise haben sich diese Verhältnisse verändert. Heute kann die Bankenaufsicht viel selbstbewusster auftreten und sagen, ihr seht ja wohin das führt, wenn wir euch nicht ordentlich beaufsichtigen. Meine Befürchtung ist allerdings, dass das Pendel zu sehr in die andere Richtung ausschlägt. Denn angenommen, es passiert nun einige Jahre nichts mehr, es gibt keine Schieflagen, dann werden die Stimmen nach weniger Regulierung immer lauter. Das ist aber immer der gefährlichste Punkt. Wenn jemand, der lange Zeit in einem Korsett eingesperrt war, plötzlich freigelassen wird, gibt es immer den ein oder anderen, der dann gegen die Wand läuft.

Herr Otto

Es fiel auch schon das Stichwort Meldewesen: Wissenschaftler begrüßen eine Fülle an Daten grundsätzlich immer. Aber machen die Aufsichtsbehörden, macht die EZB das Richtige mit den gesammelten Informationen?

Herr Hartmann-Wendels

Es gibt bekanntlich das Sprichwort „Wissen ist Macht". Was passiert eigentlich, wenn die EZB anhand der ihr vorliegenden Daten die internen Risikomodelle der Banken, von denen ich übrigens nicht glaube, dass sie abgeschafft werden, überprüft und zu dem Schluss kommt, dass das, was eine Bank an Eigenmittelunterlegung berechnet hat, nicht ausreicht und zusätzliche Anforderungen stellt? Mit der Fülle an Daten wird der Bankenaufsicht ein enorm großer Hebel gegeben, der sehr umsichtig eingesetzt werden sollte.

Herr Otto

Herr Vesala, direkt dazu bitte.

Herr Vesala

Ich möchte nur daran erinnern, dass die EZB für die Datenerhebung hauptsächlich die auf EU-Ebene beschlossenen Templates sowie CoRep und FinRep benutzt. Zum zweiten, wie schon Frau Lautenschläger heute Morgen ausgeführt hat, wurde die Granularität im Rahmen des SSM erheblich reduziert, um den Instituten weitere Belastungen zu ersparen. Und drittens wollte ich noch hinzufügen, dass das quantitative Element als Leitlinie sehr wichtig für die Aufsicht ist, aber der Ermessensspielraum der einzelnen Aufseher selbstverständlich erhalten bleibt. So glauben wir, das erreichen zu können, was Herr Ossig gesagt hat: eine gleiche Bewertung für gleiche Risiken und gleiche Geschäftsmodelle.

Herr Hettich

Ich habe natürlich Verständnis dafür, Herr Vesala, dass die Aufsicht Daten braucht, um die Banken zu beurteilen. Aber ich würde gerne den Punkt aufgreifen, dass sich die einzelnen Behörden besser abstimmen könnten, wer welche Daten schon hat. Damit würden lästige Doppelabfragen vermieden. An der einen oder anderen Stelle ist die Datensammelwut für ein kleines Institut dann doch nicht nachvollziehbar. Und ich möchte den Punkt von Herrn Dr. Ossig aufgreifen, auch mal darüber nachzudenken, was Sie weglassen könnten, wenn etwas Neues eingeführt wird.

Herr Otto

Herr Schick, Sie haben sich mal für ein einziges Aufsichtsinstitut ausgesprochen. Gibt es Ihrer Ansicht nach zu viele Behörden?

Herr Schick

Über Schnittstellen und deren Verbesserung kann man im öffentlichen Sektor immer diskutieren, das gilt nicht nur für die Bankenaufsicht. Man kann sich beispielweise auch fragen, warum es notwendig ist, dass man es bei Sozialversicherung und Steuer mit zwei unterschiedlichen Prüfern zu tun haben muss, oder ob hier nicht etwas gebündelt werden könnte.

Zu dem Datensammeln noch: Das Beispiel Geldwäschemeldungen zeigt doch, dass es nicht ausreicht, möglichst viele Daten zu erheben. Denn die Banken melden alle brav und dennoch läuft im Hintergrund offensichtlich so einiges. Da sollten wir nicht die Meldepflicht hinterfragen, die übrigens einen enormen bürokratischen Aufwand darstellt, sondern uns vielmehr Gedanken machen, wie die Schnittstellen zu den Staatsanwaltschaften und dem Bundeskriminalamt verbessert werden können, damit eine effektive Umsetzung der Geldwäschenormen möglich ist.

Herr Otto

Herr Ossig.

Herr Ossig

Sie hatten vorhin das Thema Komplexität angesprochen. Das setzt genau an diesem Punkt an. Komplexität hat verschiedene Ursachen. Eine davon sind viele Behörden. Wir sprechen hier über Bundesbank und BaFin in Deutschland und die Europäische Kommission, EZB, ESMA, EBA und SRB auf europäischer Ebene sowie den Baseler Ausschuss. Daraus resultieren viele verschiedene Initiativen von Basel III auf der einen bis MiFID und BRRD auf der anderen Seite. Dabei steigt der Detaillierungsgrad immer weiter an. Das Regelwerk zu Basel I hatte 35 Seiten, bei Basel III sind wir nun schon bei 850 Seiten. Wenn man dann noch die europäischen Richtlinien und Ausführungsbestimmungen hinzunimmt, kommen wir auf Regelwerke von mehreren tausend Seiten, die Banken heute beachten und umsetzen müssen. Stellen Sie sich einfach nur vor, was das in der Praxis des Geschäfts einer mittelständischen Bank wirklich bedeutet. Es wäre gut, wenn zur Überprüfung der Komplexität und der Belastung Auswirkungsstudien gemacht würden, und zwar solche, die nicht nur einzelne Entwicklungen betrachten, sondern die wirklich das Zusammenwirken all der verschiedenen Maßnahmen analysieren.

Herr Otto

Wer sollte diese Auswirkungsstudien durchführen?

Herr Ossig

Hier sind zu allererst die Regulierungsgeber und die Aufsicht gefordert. Insofern sehen wir den Ergebnissen aus dem Call for Evidence der Europäischen Kommission mit Spannung und Hoffnung entgegen. Aber auch die Institute beziehungsweise die Verbände stehen hier in der Pflicht.

Herr Otto

Herr Loeper, vielleicht sollten wir mal vormerken, dass wir uns in einigen Jahren in genau dieser Runde nochmal treffen, um zu sehen, was sich seitdem getan hat, ob es besser geworden ist mit der Proportionalität in der Bankenaufsicht. Meine Herren, ganz herzlich Danke schön an Sie alle, dass Sie mir geholfen haben, dieses Schluss-Panel zu bestreiten.

Anhang

Programm und Teilnehmerverzeichnis

Programm 2016

08.30 Uhr	Empfang mit Kaffee und Tee
09.00 Uhr	*Europäische Bankenaufsicht: Viel erreicht – noch viel zu tun?* **Sabine Lautenschläger,** Europäische Zentralbank

Aktuelle Fragen der internationalen Bankenregulierung

09.30 Uhr	*Die Fertigstellung von Basel III* **Erich Loeper,** Deutsche Bundesbank
10.15 Uhr	*SREP für bedeutende und weniger bedeutende Institute* **Dr. Korbinian Ibel,** Europäische Zentralbank
10.45 Uhr	*Anmerkungen aus Sicht eines Instituts* **Dr. Cornelius Riese,** DZ BANK AG
11.00 Uhr	Kaffeepause

Banken zwischen Innovation und Regulatorik

11.30 Uhr	**Podiumsdiskussion**
	Martin Krebs, ING Group **Dr. Andreas Martin,** Bundesverband der Deutschen Volksbanken und Raiffeisenbanken e.V. **Helmut Ettl,** Österreichische Finanzmarktaufsicht **Prof. Dr. Isabel Schnabel,** Universität Bonn
	Moderation **Philipp Otto**, Zeitschrift für das gesamte Kreditwesen
12.20 Uhr	Mittagspause
13.30 Uhr	*Baustelle Bankenunion – gemeinsame Aufsicht, gemeinsame Abwicklung, gemeinsame Einlagensicherung?* **Dr. Andreas Dombret,** Deutsche Bundesbank

Baseler Überarbeitung der Marktrisiken

14.00 Uhr	*Ausblick auf die aktuellen Baseler Arbeiten zur Reform der Marktrisiken* **Dr. Torsten Kelp,** Bundesanstalt für Finanzdienstleistungsaufsicht
14.30 Uhr	*Bewertung aus Sicht eines Instituts* **Dr. Bettina Mohr,** Landesbank Baden-Württemberg
14.50 Uhr	Kaffeepause

Proportionale Regulierung und Aufsichtspraxis

15.20 Uhr *Proportionalität in der Regulierung*
Dr. Stefan Blochwitz, Deutsche Bundesbank

Proportionalität in der Aufsichtspraxis

15.50 Uhr **Podiumsdiskussion**

Dr. Christian Ossig, Bundesverband deutscher Banken e.V.
Dr. Jukka Vesala, Europäische Zentralbank
Prof. Dr. Thomas Hartmann-Wendels, Universität Köln
Dr. Gerhard Schick, Mitglied des Bundestages
Martin Hettich, Sparda-Bank Baden-Württemberg eG

Moderation
Philipp Otto, Zeitschrift für das gesamte Kreditwesen

17.00 Uhr Schlusswort
Erich Loeper, Deutsche Bundesbank

Anschließend Sektempfang,
informeller Ausklang

Moderation: **Philipp Otto**,
Zeitschrift für das gesamte Kreditwesen

Organisation: **Deutsche Bundesbank**
in Kooperation mit der
Zeitschrift für das gesamte Kreditwesen (ZfgK)

Teilnehmerverzeichnis

Gerrit Abelmann
Vorstandsmitglied, DKM Darlehnskasse Münster eG, Münster

Dr. Olaf Achtelik
Referent Recht, Bundesverband der Deutschen Volksbanken und Raiffeisenbanken e.V. (BVR), Berlin

Dr. Sebastian Ahlfeld
Principal Supervisor, Europäische Zentralbank, Frankfurt am Main

Marc Ahrens
Managing Director, Landwirtschaftliche Rentenbank, Frankfurt am Main

Kaan Aksel
Director PricewaterhouseCoopers AG, Wirtschaftsprüfungsgesellschaft, Frankfurt am Main

Yaprak Akyol
Consultant PricewaterhouseCoopers AG, Wirtschaftsprüfungsgesellschaft, Frankfurt am Main

Alexander Albrecht
Abteilungsleiter, Sparkasse Koblenz, Koblenz

Mathias Alfs
Vorstandsmitglied, Stadtsparkasse Bad Honnef, Bad Honnef

Stephan Alt
Vorstandsmitglied, Kreissparkasse Vulkaneifel, Daun

Dirk Altenbäumker
Leiter Rating- und Scoringverfahren, parcIT GmbH, Köln

Prof. Dr. Frank Altrock
Professor für Bankbetriebslehre, Hochschule Trier, Trier

Flavius Amann
Raiffeisenbank Neudenau-Stein-Herbolzheim eG, Neudenau

Herbert Apweiler
Partner Deloitte & Touche GmbH, Wirtschaftsprüfungsgesellschaft, Frankfurt am Main

Dirk Auerbach
Partner KPMG AG, Wirtschaftsprüfungsgesellschaft, Frankfurt am Main

Dr. Martin Babl
Stellv. Referatsleiter Banken, Börsen, Versicherungen, Finanzplatz München Initiative Bayerisches Staatsministerium für Wirtschaft und Medien, Energie und Technologie, München

Ralf Backé
Senior Manager, Ernst & Young GmbH, Wirtschaftsprüfungsgesellschaft, Stuttgart

Karl Bähr
Stellv. Vorstandsvorsitzender, Sparkasse Offenburg/Ortenau, Offenburg

Gerhard Bappert
Geschäftsbereichsleiter Risikomanagement, WestImmo Westdeutsche ImmobilienBank AG, Mainz

Johanna Barking
Referentin Bankenaufsicht/Risikomanagement, VÖB-Service GmbH, Bonn

Rolf Bart Referent
Sparkassenverband Baden-Württemberg (SVBW), Stuttgart

Jochen Bartmann
Stellv. Abteilungsdirektor, Sparkassenverband Baden-Württemberg (SVBW), Stuttgart

Ulrich Thomas Bartoszek
Geschäftsführer, Misr Bank-Europe GmbH, Frankfurt am Main

Andreas Bartsch
Vorstandsvorsitzender, Sparkasse Marburg-Biedenkopf, Marburg

Axel Bartsch
Vorstandsvorsitzender, Bremer Kreditbank AG, Bremen

Dr. Andreas Bascha
Regionalbereich Banken und Finanzaufsicht, Deutsche Bundesbank, Hauptverwaltung in Rheinland-Pfalz und dem Saarland, Mainz

Goran Bašić
Vorstandsmitglied, UmweltBank AG, Nürnberg

Mareike Baudermann
Referentin Finanz- und Risikocontrolling, Bausparkasse Schwäbisch Hall AG, Schwäbisch Hall

Sylvia Baudisch
Referentin Grundsatzfragen, DGRV – Deutscher Genossenschafts- und Raiffeisenverband e.V., Berlin

Christian Bauer
Vorstandsmitglied, Raiffeisenbank Höchberg eG, Höchberg

Jürgen Bauer
Bereichsleiter Finanz- und Risikomanagement, Sparkasse Nürnberg, Nürnberg

Giovanni Baumer
Senior Vice President, PIMCO Deutschland GmbH, München

Lutz Baumgarten
Partner TNP Deutschland GmbH, Frankfurt am Main

Janine Bayer
Senior Consultant, PricewaterhouseCoopers AG, Wirtschaftsprüfungsgesellschaft, Frankfurt am Main

Jürgen Beck
Bereichsleiter Genossenschaftsverband e.V., Verwaltungssitz Neu-Isenburg, Neu-Isenburg

Arndt Becker
Bereichsleiter BayernLB, Bayerische Landesbank, München

Dr. Jürgen Becker
Bundesbankdirektor a.D., Karben

Wolfgang Becker
Vorstandsmitglied, CRONBANK AG, Dreieich

Hermann Beckers
Geschäftsführer, VÖB-ZVD Processing GmbH, Bonn

Frank Behrends
Vorstandsmitglied, BHF-BANK Aktiengesellschaft, Frankfurt am Main

Lothar Behrens
Vorstandssprecher, Augsburger Aktienbank AG, Augsburg

Mariuca Beil
Senior Consultant, CP Consultingpartner AG, Köln

Ralf Peter Beitner
Vorstandsvorsitzender, Kreissparkasse Heilbronn, Heilbronn

Frank Belzer
Vorstandsmitglied, Sparkasse Worms-Alzey-Ried, Worms

Franz-Josef Benedikt
Präsident Deutsche Bundesbank, Hauptverwaltung in Bayern, München

Wolfgang Benz
Abteilungsleiter Controlling und Finanzen, Kreissparkasse Göppingen, Göppingen

Kornelia Berg
Referentin Bankaufsichtsrecht Sparkassen- und Giroverband Hessen-Thüringen (SGVHT), Frankfurt am Main

Frank Berger
Deutsche Postbank AG, Bonn

Michael Berger
Sparkassendirektor, Sparkasse im Landkreis Neustadt a. d. Aisch, Neustadt a. d. Aisch

Dr. Matthias Bergmann
Stellv. Vorstandsmitglied, Sparkasse Westmünsterland, Lüdinghausen

Frank Bermbach
Vorstandsmitglied, CRONBANK AG, Dreieich

Christian Bernhardi
Bereichsleiter, VR Bank HessenLand eG, Alsfeld

Hans Bernhardt
Vorstandsmitglied, Landwirtschaftliche Rentenbank, Frankfurt am Main

Hans-Heinrich Bernhardt
Vorstandsmitglied, Volksbank Mittelhessen eG, Gießen

Manuela Better
Vorstandsmitglied, DekaBank, Deutsche Girozentrale, Frankfurt am Main

Martin Joh. Bierbaum
Stellv. Abteilungsdirektor, DZ BANK AG, Deutsche Zentral-Genossenschaftsbank, Frankfurt am Main

Dr. Stefan Bill
Vorstandsvorsitzender, Sparkasse Altötting-Mühldorf, Mühldorf a. Inn

Michael Bimmler
Vorstandsmitglied, CP Consultingpartner AG, Köln

Beate Bischoff
Geschäftsführerin, AKA Ausfuhrkredit-Gesellschaft m.b.H., Frankfurt am Main

Thomas Bischoff
Bereichsleiter, Bausparkasse Schwäbisch Hall AG, Schwäbisch Hall

Manfred Bitterwolf
Baden-Württembergischer Genossenschaftsverband e.V., Stuttgart

Bastian Blasig
Manager Bankaufsicht und Risikomanagement, Verband deutscher Pfandbriefbanken e.V., Berlin

Frank Blass
Prokurist, ICnova AG, Karlsruhe

Jochen Blatter
Produktspezialist Aufsichtsrecht, Fiducia & GAD IT AG, Karlsruhe

Robbin Bleck
Abteilungsleiter, Sparda-Bank Berlin eG, Berlin

Ulf Bleckmann
Vorstandsmitglied, Volksbank Dreiländereck eG, Lörrach

Torsten Blietschau
Vorstandsmitglied, Volksbank eG, Sulingen

Dr. Stefan Blochwitz
Abteilungsleiter Bankgeschäftliche Prüfungen und Umsetzung internationaler Standards, Deutsche Bundesbank, Frankfurt am Main

Dirk Blum
Union Investment Institutional GmbH, Frankfurt am Main

Holger Blumberg
Geschäftsführer, Linde Leasing GmbH, Wiesbaden

Hubert F. Bock
Geschäftsführer, Misr Bank-Europe GmbH, Frankfurt am Main

Roland Böff
Geschäftsführer, SECB Swiss Euro Clearing Bank GmbH, Frankfurt am Main

Prof. Dr. Anne Böhm-Dries
Hochschullehrerin, Hochschule der Sparkassen-Finanzgruppe – University of Applied Sciences – Bonn GmbH, Bonn

Sascha Böhnke
Bereichsleiter Gesamtbanksteuerung, Sparda-Bank Hannover eG, Hannover

Dirk Bogen
Vorstandsmitglied, Volksbank Friedrichshafen eG, Friedrichshafen

Dr. Oliver Bohr
Partner, d-fine GmbH, Frankfurt am Main

Andreas Bongers
Executive Consultant, GFT Technologies SE, Eschborn

Robert Borchardt
Europäische Zentralbank, Frankfurt am Main

Dieter Bordihn
Vorstandsmitglied, Kulmbacher Bank eG, Kulmbach

Bert Bornemann
Landesbank Hessen-Thüringen Girozentrale, Frankfurt am Main

Robert Bosch
Regionalbereich Banken und Finanzaufsicht, Deutsche Bundesbank, Hauptverwaltung in Bayern, München

Michael Bott
Vorstandsvorsitzender, Sparkasse Waldeck-Frankenberg, Korbach

Dirk Botzem
Vorstandsmitglied Debeka Bausparkasse AG Koblenz

Thorsten Brand
DZB BANK GmbH, Mainhausen

Stephan Brandes
Referent, Sparkassenverband Niedersachsen, Hannover

Beate Braun
Stellv. Abteilungsleiterin, Landeskreditbank Baden-Württemberg – Förderbank – (L-Bank), Karlsruhe

Gerhard Braune
Leiter Betriebswirtschaft, Sparkasse Gießen, Gießen

Harald Brenner
Leiter Rechnungswesen, Bankhaus Ellwanger & Geiger KG, Stuttgart

Matthias Brinkmann
Senior Manager, Roever Broenner Susat Mazars GmbH & Co. KG, Frankfurt am Main

Frank Brogl
Abteilungsdirektor Aufsichtsrecht, DZ BANK AG, Deutsche Zentral-Genossenschaftsbank, Frankfurt am Main

Andreas Brombach
Generalbevollmächtigter, Raiffeisen Privatbank eG, Wiesloch

Bianca Broschinski
Bremer Landesbank, Kreditanstalt Oldenburg – Girozentrale, Bremen

Miriam Brosig
Wirtschafsprüferin, TREUWERK REVISION GmbH, Wirtschaftsprüfungsgesellschaft, Hannover

Frank Brückner
Generalbevollmächtigter, Wiesbadener Volksbank eG, Wiesbaden

Christine Brüsewitz
Referentin Grundsatzprüfung, Genossenschaftsverband e.V., Verwaltungssitz Neu-Isenburg, Neu-Isenburg

Matthias Buch
Leiter Finance, Degussa Bank AG, Frankfurt am Main

Dr. Patrik Buchmüller
Leiter Gesamtbankrisikosteuerung, Deutsche Postbank AG, Bonn

Dirk Buddensiek
Vorstandsmitglied, Bürgschaftsbank Baden-Württemberg GmbH, Stuttgart

Katrin Budy
Managerin, Deloitte & Touche GmbH, Wirtschaftsprüfungsgesellschaft, Frankfurt am Main

Jürgen Büchler
Vorstandsmitglied, VR Bank Südpfalz eG, Landau

Michael Bücker
Xuccess Reply GmbH, München

Thomas Buer
Vorstandssprecher, M. M. Warburg & Co. Hypothekenbank AG, Hamburg

Dirk Büschking
Abteilungsleiter Unternehmensentwicklung, Bordesholmer Sparkasse AG, Bordesholm

Peter Büttel
Manager, PricewaterhouseCoopers AG, Wirtschaftsprüfungsgesellschaft, Frankfurt am Main

Nikolai Bukureschtliew
Aufsichtsratsvorsitzender, much-net AG, Bonn

Michael Burchardt
Geschäftsführer, Bürgschaftsbank Thüringen GmbH, Erfurt

Oliver Burda
Stellv. Vorstandsvorsitzender, Santander Consumer Bank AG, Mönchengladbach

Ruth Burkert
Bundesanstalt für Finanzdienstleistungsaufsicht, Bonn

Dr. Christian Burmester
Vorstandsmitglied, Sparkasse Aachen, Aachen

Jan Busse
Zentralbereich Banken und Finanzaufsicht, Deutsche Bundesbank, Frankfurt am Main

Uwe Cappel
Geschäftsführer, Verlage Fritz Knapp GmbH und Helmut Richardi GmbH, Frankfurt am Main

Dr. Christoph von Carlowitz
Leiter Vorstandsreferat, GLS Gemeinschaftsbank eG, Bochum

Christian Carls
Geschäftsführer, Linde Leasing GmbH, Wiesbaden

Roland Christ
Leiter Portfoliomanagement, SüdFactoring GmbH, Stuttgart

Anne Cichorek
Aareal Bank AG, Wiesbaden

Björn Clüsserath
Geschäftsführer, mediserv Bank GmbH, Saarbrücken

Tanja Coenders
Bankhaus C.L. Seeliger, Wolfenbüttel

Gerd-Ulrich Cohrs
Vorstandsmitglied, Volksbank Lüneburger Heide eG, Winsen

Silvia Conesa
Leitung Presseabteilung, DZ BANK AG, Deutsche Zentral-Genossenschaftsbank, Frankfurt am Main

Rudolf Conrads
Vorstandsvorsitzender, Verband der PSD Banken e.V., Bonn

Bernd Corzelius
Senior Manager, BearingPoint GmbH, München

Damijan Cotić
Banque Centrale du Luxembourg, Luxembourg

Kathrin Cremer
Verband der PSD Banken e.V., Bonn

Torsten Cremer
Vorstandsmitglied, Sparkasse Hamm, Hamm

Michael Dandorfer
Generalbevollmächtigter, Münchner Bank eG, München

Ulrike Dauer
Zentralbereich Banken und Finanzaufsicht, Deutsche Bundesbank, Frankfurt am Main

Frank Debes
Abteilungsleiter Finanzwesen, DZB BANK GmbH, Mainhausen

Andreas Debus
Abteilungsleiter Revision, Sparkasse Bensheim, Bensheim

Jürgen Deimann
Leiter Closing & Reporting, Deutsche Postbank AG, Bonn

Robert Dempf
Niederlassungsleiter, Deutschland Oberbank AG, München

Gerhard Dengl
Senior Manager, Deloitte & Touche GmbH, Wirtschaftsprüfungsgesellschaft, Frankfurt am Main

Christian Denk
Abteilungsleiter Bankenaufsichtsrecht und internationale Bankenaufsicht, Deutsche Bundesbank, Frankfurt am Main

Dr. Martin Dethleffsen
Abteilungsleiter Risikostandard, Deutsche Postbank AG, Bonn

Nicole Dietl
Leiterin Unternehmenssteuerung, Sparkasse Vorderpfalz, Ludwigshafen am Rhein

Kathrin Dietrich-Pfaffenbach
Projektleitung, EUROFORUM Deutschland SE, Düsseldorf

Martin Dietz
Generalbevollmächtigter, Sparda-Bank Münster eG, Münster

Jörg Diewald
Vorstand Vertrieb, GE Capital Bank AG, Mainz

Gerald Dillenburg
Zentralbereich Banken und Finanzaufsicht, Deutsche Bundesbank, Frankfurt am Main

Svetlana Dimova
Abteilungsleiterin Abwicklungsplanung Private Banken, Bundesanstalt für Finanzmarktstabilisierung (FMSA), Frankfurt am Main

Alexander Diroll
Bereichsleiter Unternehmenssteuerung, Sparkasse Rhein-Nahe, Bad Kreuznach

Dr. Britta Distler
Stellv. Bereichsleiterin, Landeskreditbank Baden-Württemberg – Förderbank – (L-Bank), Karlsruhe

Dr. Uwe Dörr
Partner, d-fine GmbH, Frankfurt am Main

Dr. Andreas Dombret
Vorstandsmitglied, Deutsche Bundesbank, Frankfurt am Main

Michael Donner
Geschäftsführer, SEEER Consulting GmbH, Waldenbuch

Dr. Marisa Doppler
Managing Director, Aareal Bank AG, Berlin

Andreas Droese
Vorstandsmitglied, Sparkasse Wittgenstein, Bad Berleburg

Alexander Drung
Zentralbereich Banken und Finanzaufsicht, Deutsche Bundesbank, Frankfurt am Main

Dr. Carsten Düerkop
Vorstandsmitglied, WL BANK AG, Westfälische Landschaft Bodenkreditbank, Münster

Karl Dürselen
Senior Consultant, Frechen

Klaus Ebel
Mitglied der Geschäftsleitung, Bankhaus von der Heydt GmbH & Co. KG, München

Björn Ebert
Partner, PricewaterhouseCoopers, Société coopérative, Luxembourg

Dr. Hubert Eckelmann
Senior Experte Rating-Verfahren, S Rating und Risikosysteme GmbH, Berlin

Wolfgang Eckert
Vorstandsmitglied, Fiducia & GAD IT AG, Karlsruhe

Holger Eggers
Senior Manager, CP Consultingpartner AG, Köln

Matthias Ehler
Leitung Meldewesen Bankenaufsicht, DekaBank, Deutsche Girozentrale, Frankfurt am Main

Frank Ehrfeld
Vorstandsmitglied, Raiffeisenbank eG Elztal, Elztal

Christian Eicke
Senior Manager, KPMG AG Wirtschaftsprüfungsgesellschaft, Frankfurt am Main

Thomas Eiers-Banik
Leiter Risikomanagement, Bürgschaftsbank Nordrhein-Westfalen GmbH, Neuss

Gerhard Eisenhut
Vorstandsmitglied, Ehninger Bank eG, Ehningen

Ralf Eiting
Abteilungsdirektor, Rheinischer Sparkassen- und Giroverband, Düsseldorf

Lars Ekström
General Manager, Danske Bank, Zweigniederlassung Hamburg, Hamburg

Dr. Regina Elsebach
Regionalbereich Banken und Finanzaufsicht, Deutsche Bundesbank, Hauptverwaltung in Hamburg, Mecklenburg-Vorpommern und Schleswig-Holstein, Hamburg

Michael Ender
Bereichsleiter Unternehmenssteuerung, Volksbank Weinheim eG, Weinheim

Dr. Alexander Endlich
Vorstandsmitglied, Sparkasse Hegau-Bodensee, Singen

Michael Endmann
Direktor Gesamtbanksteuerung, Stadtsparkasse München, München

Holger Engel
Referent Aufsichtsrecht, Sparkassenverband Baden-Württemberg (SVBW), Stuttgart

Rainer Engel
Vorstandsmitglied, Volksbank Triberg eG, Triberg

Michael Engelhard
Abteilungsdirektor Bankaufsicht/Politik, Deutscher Sparkassen- und Giroverband e.V., Berlin

Udo Engelhardt
Vorstandsmitglied, Raiffeisen Privatbank eG, Wiesloch

Jürgen Engelke
Abteilungsleiter, Genossenschaftsverband e.V., Geschäftsstelle Rendsburg, Rendsburg

Joel Ennen
Consultant, Dr. Peter & Company AG, Frankfurt am Main

Horst Erler
Vorstandsmitglied, ReiseBank AG, Frankfurt am Main

Sabine Eschenlohr
Büroleitung Vorstand, BayernLB, Bayerische Landesbank, München

Tolga Esgin
Generalbevollmächtigter, isbank AG, Frankfurt am Main

Mag. Helmut Ettl
Vorstandsmitglied, FMA Österreichische Finanzmarktaufsicht, Wien

Imke Ettori
Vorstandsmitglied, Landwirtschaftliche Rentenbank, Frankfurt am Main

Michael Euler
Vorstandsmitglied, CreditPlus Bank AG, Stuttgart

Thomas Falk
Citigroup Global Markets Deutschland AG, Frankfurt am Main

Thomas Falk
Vorstandsmitglied, Sparkasse Oberhessen, Friedberg

Reinhard Faulstich
Sparkassendirektor, Sparkasse Bad Hersfeld-Rotenburg, Bad Hersfeld

Hartmut Fehler
Stellv. Abteilungsleiter Betrieb, UmweltBank AG, Nürnberg

Franz-Günter Fehling
Vorstandsmitglied, Volksbank Wipperfürth-Lindlar eG, Wipperfürth

Dr. Benedikt Fehr
Zentralbereichsleiter Ökonomische Bildung, Deutsche Bundesbank, Frankfurt am Main

Andreas Fette
Leiter Risikomanagement, Stadtsparkasse Düsseldorf, Düsseldorf

Klaus Feuerstein
Revisor, Investitions- und Strukturbank Rheinland-Pfalz (ISB), Mainz

Dr. Günter Fiebach
Senior Projekt Direktor, Deutsche Postbank AG, Bonn

Dr. Michael Fischer
General Counsel, UBS Deutschland AG, Frankfurt am Main

Stephanie Fischer
Director, Deloitte & Touche GmbH, Wirtschaftsprüfungsgesellschaft, Frankfurt am Main

Jochen Flach
Zentralbereich Banken und Finanzaufsicht, Deutsche Bundesbank, Frankfurt am Main

Karin Fleischer
Vorstandsmitglied, Volksbank Franken eG, Buchen

Ralf Fleischer
Vorstandsvorsitzender, Stadtsparkasse München, München

Daniel Förtsch
Geschäftsführer, Walter Ludwig GmbH, Wertpapierhandelsbank, Frankfurt am Main

Udo Främke
Abteilungsleiter Controlling, Stadt-Sparkasse Solingen, Solingen

Marius Franck
Senior Referent Grundsatzfragen/Aufsichtsrecht, DZ BANK AG, Deutsche Zentral-Genossenschaftsbank, Frankfurt am Main

Thomas Freiling
Regionalbereich Banken und Finanzaufsicht, Deutsche Bundesbank, Hauptverwaltung in Hessen, Frankfurt am Main

Ralph Freund
Senior Consultant, KC Risk AG, Nürnberg

Alexander Frey
Vorstandsmitglied, VTB Bank (Deutschland) AG, Frankfurt am Main

Christoph Freytag
Vorstandsmitglied, ProCredit Bank AG, Frankfurt am Main

Michael Fritz
Stellv. Vorstandsmitglied, Kreissparkasse Böblingen, Böblingen

Dr. Bernhard Fuhrmann
Vorstandsmitglied, Varengold Bank AG, Hamburg

Thomas Gäng
Stellv. Vorstandsmitglied, Stadtsparkasse Oberhausen, Oberhausen

Christoph Gärtner
Projektleiter, Kooperationsmanager, BSM BankingSysteme und Managementberatung GmbH, Frankfurt am Main

Thomas Gajda
Revisor, BMW Bank GmbH, München

Gerhard Gales
Vorstandsmitglied, Bank 1 Saar eG, Saarbrücken

Nils Galle
Vorstandsmitglied, Sparkasse Hanau, Hanau

Barbara Gallus
Expertin Bankaufsichtsrecht, DZ BANK AG, Deutsche Zentral-Genossenschaftsbank, Frankfurt am Main

Lothar Galonska
Geschäftsführer, Bürgschaftsbank Nordrhein-Westfalen GmbH, Neuss

Claus Ganter
Group Risk Management, HSH Nordbank AG, Hamburg

Marco Garcia
Vorstandsmitglied, Volksbank eG, Mosbach

Dr. Uwe Gaumert
Direktor, Bundesverband deutscher Banken e.V., Berlin

Rainer Geckeler
Geschäftsführer, Xuccess Reply GmbH, München

Anita Gegg-Wecker
Bundesanstalt für Finanzdienstleistungsaufsicht, Bonn

Jasmin Gehrlein
Managerin, PricewaterhouseCoopers AG, Wirtschaftsprüfungsgesellschaft, Frankfurt am Main

Dr. Karsten Geiersbach
Bereichsleiter Interne Revision, Kasseler Sparkasse, Kassel

Karl-Heinz Geiger
Geschäftsführender Gesellschafter, SVA Vermögensverwaltung Stuttgart GmbH, Stuttgart

Monika Geiger
SKS GmbH & Co. KG, Hochheim am Main

Thomas Geiger
Abteilungsleiter Gesamtbanksteuerung/ Risikocontrolling, Kreissparkasse Ludwigsburg, Ludwigsburg

Bernd Geilen
Vorstandsmitglied, ING-DiBa AG, Frankfurt am Main

Frank Geisen
Vorstandsmitglied, Aktivbank AG, Pforzheim

Thomas Geiß
Vorstandsmitglied, Sparkasse Kraichgau, Bruchsal

Thorsten Gendrisch
Geschäftsführender Partner, 1 PLUS i GmbH, Nürnberg

Oliver Gerlach
Berater, HR IT-Consulting, Essenbach

Manfred Gerland
Fiducia & GAD IT AG, Karlsruhe

Frederic Gielen
Xuccess Reply GmbH, München

Wilhelm Gieselberg
Stellv. Bereichsleiter Unternehmenssteuerung, Evangelische Bank eG, Kiel

Jürgen Gießler
Vorstandsmitglied, Bausparkasse Schwäbisch Hall AG, Schwäbisch Hall

Erwin Gladisch
Zentralbereich Bargeld, Deutsche Bundesbank, Frankfurt am Main

Andreas Glaser
Teamleiter Finanz- und Risikocontrolling, Bausparkasse Schwäbisch Hall AG, Schwäbisch Hall

Jessica Glaser
Referentin, Deutscher Sparkassen- und Giroverband e.V., Berlin

Dirk-Ralf Gloger
Steuerberater/Wirtschaftsprüfer, Roever Broenner Susat Mazars GmbH & Co. KG, Frankfurt am Main

Isabel Glück
Leiterin Risk Management, Porsche Financial Services GmbH, Bietigheim-Bissingen

Markus Glück
Produktspezialist Aufsichtsrecht, Fiducia & GAD IT AG, Karlsruhe

Antje Göbel
Managerin Banking Regulation, Mercedes-Benz Bank AG, Stuttgart

Dr. Daniel-Johannes Goebel
Rheinisch-Westfälischer Genossenschaftsverband e.V., Düsseldorf

Matthias Görnert
Vorstandsmitglied, Volksbank eG, Köthen

Joachim Gorny
Mitglied der Geschäftsleitung, Merck Finck & Co oHG Privatbankiers, München

Thorsten Gosewinkel
Leiter Bilanzen, Controlling, Bankbesteuerung, NRW.BANK, Düsseldorf

Wolfgang Graf
Inhaber, W. A. Graf Consulting, Piding

Dr. Gerhard Grebe
Vorstandsmitglied, Bank Julius Bär Europe AG, Frankfurt am Main

Dr. Andreas Grob
Abteilungsleiter, PPM Banksteuerung Fiducia & GAD IT AG, Karlsruhe

Udo Grobbel
DekaBank, Deutsche Girozentrale,
Frankfurt am Main

Holger Groeber
Vorstandsmitglied, ODDO SEYDLER BANK AG,
Frankfurt am Main

Gerrit Groeneveld
Generalbevollmächtigter, Bank Julius Bär
Europe AG, Frankfurt am Main

Thomas Grol
Partner, KPMG AG Wirtschaftsprüfungsgesellschaft, Frankfurt am Main

Arendt Gruben
Vorstandsvorsitzender, Sparkasse Schwarzwald-
Baar, Villingen-Schwenningen

Dr. Walter Gruber
Geschäftsführender Partner, 1 PLUS i GmbH,
Nürnberg

Achim Grunicke
Teamleiter Interne Revision, KfW Bankengruppe,
Frankfurt am Main

Stefan Grunwald
Vorstandsvorsitzender, Stadt-Sparkasse Solingen,
Solingen

Henning Grzesiek
Leiter Recht und Compliance,
Volksbank Rhein-Ruhr eG, Duisburg

Matthias Güldner
Abteilungsleiter, Bundesanstalt für
Finanzdienstleistungsaufsicht, Bonn

Ralf Günther-Schmidt
Bereichsleiter Bank, Planung, Steuerung,
Volksbank Pforzheim eG, Pforzheim

Dr. Andreas Guericke
Zentralbereichsleiter Recht,
Deutsche Bundesbank, Frankfurt am Main

Stephan Gürtler
Vorstandsmitglied, Kreissparkasse Weilburg,
Weilburg

Claudia Guiddir
Revisionsdirektorin Prüfungsstelle des
Hanseatischen Sparkassen- und Giroverbandes,
Hamburg

Matthias Gutmann
Zentralbereich Banken und Finanzaufsicht,
Deutsche Bundesbank, Frankfurt am Main

Michael Haag
Bereichsleiter Interne Revision,
Kreissparkasse Esslingen, Esslingen

Rainer Haas
Vorstandsvorsitzender,
Raiffeisenbank Straubing eG, Straubing

Sebastian Haase
Vorstandsmitglied, Raiffeisenbank Südhardt eG,
Durmersheim

Karlheinz Hack
Vorstandsmitglied, Volksbank Brackenheim-
Güglingen eG, Brackenheim

Markus Hacke
Vorstandsvorsitzender, Sparkasse Lüdenscheid,
Lüdenscheid

Jürgen Hackethal
Vorstandsvorsitzender, Raiffeisenbank Gotha eG,
Gotha

Andreas Hahn
Vorstandsmitglied, Volksbank Stutensee-
Weingarten eG, Stutensee

Ronny Hahn
Managing Director, Aareal Bank AG, Wiesbaden

Steffen Hahn
Abteilungsleiter Bankaufsichtsrecht,
Genossenschaftsverband Bayern e.V., München

Arndt M. Hallmann
Vorstandsvorsitzender, Stadtsparkasse Düsseldorf,
Düsseldorf

Hendrik Hamm
mediserv Bank GmbH, Saarbrücken

Tobias Hammann
Leiter Risikomanagement, Süd-West-Kreditbank
Finanzierung GmbH, Bingen

Dr. Nicole Handschuher
Stellv. Vorstandsmitglied, Kreissparkasse
München Starnberg Ebersberg, München

Detlef Hanisch
Manager Rechnungswesen/Meldewesen,
Toyota Kreditbank GmbH, Köln

Annette Hannappel
Regionalbereich Banken und Finanzaufsicht, Deutsche Bundesbank, Hauptverwaltung in Nordrhein-Westfalen, Düsseldorf

Hendrik Harms
Sprecher der Geschäftsführung, DEUTSCHE FACTORING BANK, Deutsche Factoring GmbH & Co. KG, Bremen

Heike Hartenberger
Steuerberaterin/Wirtschaftsprüferin, Roever Broenner Susat Mazars GmbH & Co. KG, Frankfurt am Main

Prof. Dr. Thomas Hartmann-Wendels
Universität zu Köln, Köln

Friedrich Hartmeyer
Sparkassenverband Rheinland-Pfalz, Budenheim

Uwe Haspel
Referent, Sparkassenverband Baden-Württemberg (SVBW), Stuttgart

Markus Haßlacher
Business Analyst, SOPRA Banking Software GmbH, Leinfelden-Echterdingen

Uwe Hauck
Sächsisches Staatsministerium der Finanzen, Dresden

Heino Hausfeld
Leiter Unternehmenssteuerung, VerbundSparkasse Emsdetten-Ochtrup, Emsdetten

Michael Hawighorst
Vorstandsmitglied, Bausparkasse Mainz AG, Mainz

Frank Hefner
Vorstandsmitglied, VR-Bank Schweinfurt eG, Sennfeld

Magdalene Heid
Zentralbereich Finanzstabilität, Deutsche Bundesbank, Frankfurt am Main

Friedrich-Carl Heidebroek
persönlich haftender Gesellschafter, Bankhaus C. L. Seeliger, Wolfenbüttel

Markus Heidt
Bereichsdirektor Controlling, Sparkasse Pforzheim Calw, Pforzheim

Ute Heilig
Vorstandsmitglied, Volksbank Aschaffenburg eG, Aschaffenburg

Klaus Heimann
Geschäftsleiter, SECB Swiss Euro Clearing Bank GmbH, Frankfurt am Main

Dr. Joachim Hein
Geschäftsführer, Union Service-Gesellschaft mbH, Frankfurt am Main

Bernd Heine
Direktor Innenrevision, Sparkasse Goslar/Harz, Goslar

Steffen Heinold
Volksbank Vorbach-Tauber eG, Weikersheim

Dayanara Heisig
Geschäftsleiterin, Banco do Brasil S.A. Frankfurt Branch, Frankfurt am Main

Marina Heller
Vorstandsvorsitzende, Rhön-Rennsteig-Sparkasse, Meiningen

Hans-Joachim Hellhake
Stellv. Vorstandsvorsitzender, Sparda-Bank Hessen eG, Frankfurt am Main

Matthias Hellmuth
Vorstandsmitglied, Volksbank Heilbronn eG, Heilbronn

Christoph Helmschrott
Vorstandsvorsitzender Sparkasse Passau, Passau

Andreas Henning
Risk Manager, Aktivbank AG, Pforzheim

Wolfhard Hensel
Vorstandsmitglied, Sparkasse Worms-Alzey-Ried, Worms

Jochen Hermann
Vorstandsmitglied, Volksbank Brackenheim-Güglingen eG, Brackenheim

Doreen Herms
Referentin, Bundesministerium der Finanzen, Berlin

Rainer Herr
Natixis Pfandbriefbank AG, Frankfurt am Main

Peter Herrmann
Geschäftsführer, SEEER Consulting GmbH, Waldenbuch

Prof. Thorsten Herrmann
Abteilungsleiter, Landesbank Baden-Württemberg, Stuttgart

Walter Herrmann
Stellv. Vorstandsmitglied, Kreissparkasse Ravensburg, Ravensburg

Martin Hettich
Vorstandsvorsitzender, Sparda-Bank Baden-Württemberg eG, Stuttgart

Oke Heuer
Vorstandsmitglied, Sparkasse zu Lübeck AG, Lübeck

Thomas Hiermeier
Direktor Marktfolge, MKB Mittelrheinische Bank GmbH, Koblenz

Raimund Hilbert
Leiter Treasury, Hauck & Aufhäuser Privatbankiers KGaA, Frankfurt am Main

Heinz Hilger
Chief Executive Officer, Standard Chartered Bank Germany Branch, Frankfurt am Main

Karl-Heinz Hillen
Bundesbankdirektor a.D., Groß-Gerau

Reinhold Hiss
Wirtschaftsprüfer/Steuerberater, Bansbach GmbH, Baden-Baden

Prof. Dr. Andreas Höfer
Dozent, Fachhochschule der Deutschen Bundesbank, Hachenburg

Marcus Hölzler
Vorstandsmitglied, Volksbank Hildesheimer Börde eG, Hoheneggelsen

Anton Hörhager
Bankdirektor, BayernLB, Bayerische Landesbank, München

Dr. Angelika Hösl-Sachs
Wirtschaftspolitische Referentin, Genossenschaftsverband Bayern e.V., München

Michael Hohmann
Vorstandsmitglied, Raiffeisenbank eG, Baunatal

Bruno Hollweger
Vorstandsmitglied, Kölner Bank eG, Köln

Lars Hopp
Sparkassendirektor, Sparkasse Freiburg-Nördlicher Breisgau, Freiburg

Thomas Hoppe
Advisors Deutschland Castlelake (UK), Kassel

Franz Horch
Vorstandsmitglied, Sparkasse Worms-Alzey-Ried, Worms

Thomas Hornung
Leiter Marktpreis- und Liquiditätsrisiko, NRW.BANK, Düsseldorf

Dr. Wernt Hotzel
Leiter Kreditrisikocontrolling, TeamBank AG, Rottenburg

Jürgen Hromadka
Abteilungsleiter, DZ BANK AG, Deutsche Zentral-Genossenschaftsbank, Frankfurt am Main

Gerd Hüsken
Vorstandsmitglied, Volksbank Rhein-Lippe eG, Wesel

Barbara Hummel
Redakteurin, Zeitschrift für das gesamte Kreditwesen, Verlag Fritz Knapp GmbH, Frankfurt am Main

Thomas Hupel
Abteilungsleiter Unternehmenssteuerung, Volksbank Kleverland eG, Kleve

Ingo Husemeyer
Geschäftsführer, Honda Bank GmbH, Frankfurt am Main

Dr. Korbinian Ibel
Generaldirektor, Europäische Zentralbank, Frankfurt am Main

Dr. Andreas Igl
Geschäftsführender Partner, 1 PLUS i GmbH, Nürnberg

Gerhard-Christoph Ihle
Associate General Counsel, Deutsche Bank AG, Frankfurt am Main

Wolf-Dieter Ihle
Geschäftsführer, SAM Sachsen Asset Management GmbH, Leipzig

Harald Illy
Partner, B. Metzler seel. Sohn & Co. KGaA, Frankfurt am Main

Dr. Frank Isfort
Geschäftsführer, B+S Card Service GmbH, Frankfurt am Main

Iosif Izrailov
Manager, PricewaterhouseCoopers AG, Wirtschaftsprüfungsgesellschaft, Frankfurt am Main

Hans-Uwe Jäkel
Regionalbereichsleiter Banken und Finanzaufsicht, Deutsche Bundesbank, Hauptverwaltung in Hamburg, Mecklenburg-Vorpommern und Schleswig-Holstein, Hamburg

Rainer Jahnke
Vorstandsvorsitzender, Stadtsparkasse Wermelskirchen, Wermelskirchen

Gerhard Janke
Vorstandsvorsitzender, Raiffeisenbank Oberteuringen eG, Oberteuringen

Pia Jankowski
Abteilungsleiterin Marktservice, Deutscher Sparkassen- und Giroverband e.V., Berlin

Prof. Dr. Stefan Janßen
Jade Hochschule, Wilhelmshaven

Thorsteinn Jonsson
Gruppenleiter Risikocontrolling, Deutsche Hypothekenbank (Actien-Gesellschaft), Hannover

Susanne Jorasch
DZB BANK GmbH, Mainhausen

Dr. Mario Jovanovic
Zentralbereich Finanzstabilität, Deutsche Bundesbank, Frankfurt am Main

George Juganar
Mitglied der Geschäftsleitung, Toyota Kreditbank GmbH, Köln

Tobias Jung
Projektleitung, Vertrieb BSM BankingSysteme und Managementberatung GmbH, Frankfurt am Main

Wolfgang Jung
Vorstandsmitglied, Südwestbank AG, Stuttgart

Bernd Kaltenhäuser
Präsident, Deutsche Bundesbank, Hauptverwaltung in Rheinland-Pfalz und dem Saarland, Mainz

Andreas Kalusche
Vorstandsmitglied, Prime Capital AG, Frankfurt am Main

Helmut Kanter
Vorstandsvorsitzender, Stadtsparkasse Haltern am See, Haltern am See

Roman Kappius
Vorstandsmitglied, Sparkasse Kierspe-Meinerzhagen, Meinerzhagen

Serkan Karakoc
Compliance Officer, Banco do Brasil S.A. Frankfurt Branch, Frankfurt am Main

Gerald Karch
Geschäftsführer, BGG Bayerische Garantiegesellschaft mbH, München

Sonja Kardorf
Vorstandsmitglied, Investitionsbank Berlin, Berlin

Thilo Kasprowicz
Partner, KPMG AG Wirtschaftsprüfungsgesellschaft, Frankfurt am Main

Arne Kaßner
Referent Meldewesen, IKB Deutsche Industriebank AG, Düsseldorf

Karin Katerbau
Vorstandsmitglied, Oldenburgische Landesbank AG, Oldenburg

Ralph Kehl
Vorstandsmitglied, VR Bank HessenLand eG, Alsfeld

Annette Keil
Director, Aareal Bank AG, Wiesbaden

Nancy Keller
ING-DiBa AG, Frankfurt am Main

Gabriele Kellermann
Vorstandsmitglied, BBBank eG, Karlsruhe

Dr. Torsten Kelp
Bundesanstalt für Finanzdienstleistungsaufsicht, Bonn

Nils Kemmerle
Referent Meldewesen,
IKB Deutsche Industriebank AG, Düsseldorf

Prof. Dr. Markus C. Kerber
Technische Universität Berlin, Berlin

Harald Kerner
Referent Strategische Entwicklung, Saarländische Investitionskreditbank Aktiengesellschaft, Saarbrücken

Horst Kessel
Verbandsdirektor, Genossenschaftsverband e.V., Verwaltungssitz Neu-Isenburg, Neu-Isenburg

Jessica Kessler
Senior Consulting, ifb AG, Köln

Adam Ketessidis
Bundesanstalt für Finanzdienstleistungsaufsicht, Bonn

Christian Ketzner
Abteilungsleiter, Verband der Privaten Bausparkassen e.V., Berlin

Eva-Maria Kienesberger
Bereichsleiterin Bankaufsicht und Risikomanagement, Verband deutscher Pfandbriefbanken e.V., Berlin

Michael Kiesewetter
Vorstandsvorsitzender, Investitions- und Förderbank Niedersachsen – NBank, Hannover

Claus Kimmerle
Vorstandsmitglied, Sparkasse Zollernalb, Balingen

Volker Kintrup
Partner, TNP Deutschland GmbH, Frankfurt am Main

Markus Kirstein
Inhaber, Unternehmensberatung Markus Kirstein, Esslingen

Ulrich Kistner
Vorstandsvorsitzender, Sparkasse Rastatt-Gernsbach, Rastatt

Torsten Klanten
Leiter Finanzen, Lang & Schwarz AG, Düsseldorf

Olaf Klauer
NRW.BANK, Düsseldorf

Peter Klaus
Geschäftsführer Marktfolge, Eurofactor GmbH, Oberhaching

Ulrich Klein
Vorstandsmitglied, Raiffeisenbank Obermain Nord eG, Altenkunstadt

Volker Klein
Vorstandsmitglied, Volksbank Bonn Rhein-Sieg eG, Bonn

Peter Klett
Vorstandsvorsitzender, Weser-Elbe Sparkasse, Bremerhaven

Thorsten Klindworth
Vorstandsvorsitzender, A.B.S. Global Factoring AG, Wiesbaden

Thomas Klingebiel
Leiter Finanzen, Sparkasse Hannover, Hannover

Arno Klinger
Stellv. Vorstandsmitglied, Sparkasse Witten, Witten

Oliver Klink
Vorstandsvorsitzender, Taunus Sparkasse, Bad Homburg v. d. Höhe

Stefan Kloock
Bereichsleiter Risikocontrolling, Landesbank Hessen-Thüringen Girozentrale, Frankfurt am Main

Gerhard Klopf
Zentralbereich Banken und Finanzaufsicht, Deutsche Bundesbank, Frankfurt am Main

Jürgen Klubertanz
Vorstandsmitglied, Raiffeisenbank Hammelburg eG, Hammelburg

Dr. Michael Knapp
Geschäftsführer, Risk Research GmbH, Regensburg

Jürgen Knieps
Geschäftsführer, Steyler Bank GmbH, Sankt Augustin

Dr. Martin Knippschild
Bereichsleiter Risikocontrolling, DZ BANK AG, Deutsche Zentral-Genossenschaftsbank, Frankfurt am Main

Holger Knispel
Vorstandsvorsitzender, Sparkasse Muldental, Grimma

Dr. Germar Knöchlein
Head of Division, Europäische Zentralbank, Frankfurt am Main

Roland Knoll
Vorstandsmitglied, Raiffeisenbank Hammelburg eG, Hammelburg

Andre Koberg
Stellv. Vorstandsmitglied, SAB Sächsische AufbauBank – Förderbank –, Dresden

Ronald Koch-Monien
Generalbevollmächtigter, LfA Förderbank Bayern, München

Achim Köhler
Vorstandsmitglied, Saarländische Investitionskreditbank Aktiengesellschaft, Saarbrücken

Dr. Jasmin Kölbl-Vogt
Vorstandsmitglied, Citigroup Global Markets Deutschland AG, Frankfurt am Main

Ingrid Koelzer-Spitzkopf
Stellv. Vorstandsvorsitzende, Sparkasse Mainz, Mainz

Dieter Kohlmeier
Vorstandsvorsitzender, Sparkasse Olpe-Drolshagen-Wenden, Olpe

Oliver Kolb
Stellv. Vorstandsmitglied, Kreissparkasse Esslingen-Nürtingen, Esslingen

Peter Konle
Vorstandsmitglied, Sparda-Bank München eG, München

Gerd Koschmieder
Vorstandsmitglied, Volksbank Chemnitz eG, Chemnitz

Dr. Christoph Krämer
Vorstandsvorsitzender, Sparkasse Iserlohn, Iserlohn

Oliver Krämer
Director, Aareal Bank AG, Wiesbaden

Helge Kramer
Vorstandsmitglied, Frankfurter Bankgesellschaft (Deutschland) AG, Frankfurt am Main

Marcus Kramer
Vorstandsmitglied, BayernLB, Bayerische Landesbank, München

Bernd Kramp
Prüfungsstellenleiter, Sparkassenverband Rheinland-Pfalz, Budenheim

Bernhard Kraus
Geschäftsführer, Union Investment Institutional GmbH, Frankfurt am Main

Dietmar Krause
Abteilungsleiter, Landeskreditbank Baden-Württemberg – Förderbank – (L-Bank), Karlsruhe

Dr. Rüdiger Krautheuser
Leiter Bankenaufsicht, NRW.BANK, Düsseldorf

Guido Krbetschek
Abteilungsleiter Risikocontrolling, Dexia Kommunalbank Deutschland AG, Berlin

Martin Krebs
Global Head of Retail Investment Product Solutions, ING Group, Frankfurt am Main

Sascha Krebs
Geschäftsführer, ALVG Anlagenvermietung GmbH, Stuttgart

Nina Kreis
Referentin Strategische Entwicklung, Saarländische Investitionskreditbank Aktiengesellschaft, Saarbrücken

Anne Katharina Krischel
ECON-Sekretariat Europäisches Parlament, Brüssel

Romain Krizek
Prokurist, Linde Leasing GmbH, Wiesbaden

Hauke Kröger
Leiter Competence Center Business Consulting Banking, adesso AG, Frankfurt am Main

Silke Krüger
Revisorin, Aareal Bank AG, Wiesbaden

Dr. Ulrich Krüger
Zentralbereich Finanzstabilität, Deutsche Bundesbank, Frankfurt am Main

Peter Krüper
Wirtschaftsprüfer, DGRV – Deutscher Genossenschafts- und Raiffeisenverband e.V., Bonn

Jan-Peter Kühnemann
Direktor, B. Metzler seel. Sohn & Co. KGaA, Frankfurt am Main

Manfred Kühnle
Vorstandssprecher, Prüfungsverband deutscher Banken e.V., Köln

Rüdiger Kümmerlin
Vorstandsmitglied, Volksbank Bruhrain-Kraich-Hardt eG, Oberhausen-Rheinhausen

Erhan Kürkçü
Managing Director, OYAK ANKER Bank GmbH, Frankfurt am Main

Sabine Kuhn
Referentin Bankenaufsicht/Risikomanagement, VÖB-Service GmbH, Bonn

Anja Kukuck-Peppler
Vorstandsmitglied, VR-Bank Schwalm-Eder Volksbank Raiffeisenbank eG Homberg (Efze)

Peter Kullmann
Vorstandsmitglied, Volksbank Kaiserslautern-Nordwestpfalz eG, Kaiserslautern

Thorsten Kunz
Senior Segmententwickler, Union Investment Privatfonds GmbH, Frankfurt am Main

Hans Kunze
Referent Bankaufsichtsrecht, Sparkassen- und Giroverband Hessen-Thüringen (SGVHT), Frankfurt am Main

Rainer Kurth
Vorstandsmitglied, Sparkasse Hagen, Hagen

Heiko Lachmann
Vorstandsmitglied, Ostsächsische Sparkasse Dresden, Dresden

Ralf Lahme
Siemens Finance & Leasing GmbH, München

Thomas Lang
Stellv. Vorstandsvorsitzender, Sparda-Bank Nürnberg eG, Nürnberg

Jürgen Lange
Vorstandsvorsitzender, Sparkasse Scheeßel, Scheeßel

Marc Lange
Fakultät für Wirtschaftswissenschaften Lehrstuhl für Finanzierung und Kreditwirtschaft, Ruhr-Universität Bochum, Bochum

Björn Langer
Abteilungsleiter Aufsichtsrecht, Fiducia & GAD IT AG, Karlsruhe

Eduard Laub
Geschäftsführer, mediserv Bank GmbH, Saarbrücken

Dirk Lausberg
Fachbereichsleiter Qualitative Bankenaufsicht, Rheinischer Sparkassen- und Giroverband, Düsseldorf

Sabine Lautenschläger
Mitglied des Direktoriums, Europäische Zentralbank, Frankfurt am Main

Katrin Ledwon
Rheinisch-Westfälischer Genossenschaftsverband e.V., Düsseldorf

Sven Legarth
Director, Opel Bank GmbH, Rüsselsheim

Jörg Legens
Geschäftsleiter, Sumitomo Mitsui Banking Corporation Filiale Düsseldorf, Düsseldorf

Herbert Lehmann
Vorstandsmitglied, Sparkasse Staufen-Breisach, Staufen

Jutta Lehnen
Referentin Meldewesen, BSM BankingSysteme und Managementberatung GmbH, Frankfurt am Main

Ernst Josef Lehrer
Stellv. Vorstandsvorsitzender, Sparkasse Koblenz, Koblenz

Peter Lellmann
Partner, Deloitte & Touche GmbH, Wirtschaftsprüfungsgesellschaft, Frankfurt am Main

Eva Desirée Lembeck-Kapfer
Abteilungsleiterin, Horizontale Bankenaufsicht Finanzmarktaufsicht, Wien

Gerd Lengsfeld
Leitung Interne Revision, Sparkasse Langen-Seligenstadt, Seligenstadt

Marco Lenhardt
Partner, KPMG AG Wirtschaftsprüfungsgesellschaft, Frankfurt am Main

Felix Lerchner
Europäische Zentralbank, Frankfurt am Main

Ulrich Leuker
Direktor Bereich Controlling, Sparkasse Neuss, Neuss

Peter Linden
Revisionsdirektor, Kreissparkasse Köln, Köln

Michael Lindermann
Vorstandsvorsitzender, Städtische Sparkasse zu Schwelm, Schwelm

Dr. Marcus Lingel
persönlich haftender Gesellschafter, Merkur Bank KGaA, München

Thomas Link
Bundesanstalt für Finanzdienstleistungsaufsicht, Bonn

Dr. Rüdiger Linnebank
Vorstandsvorsitzender, Sparkasse Vorderpfalz, Ludwigshafen am Rhein

Tania Lippert
Referentin, Deutscher Sparkassen- und Giroverband e.V., Berlin

Friedemann Loch
Direktor, PricewaterhouseCoopers AG, Wirtschaftsprüfungsgesellschaft, Frankfurt am Main

Jürgen Löcke
Stellv. Verbandsgeschäftsführer, Sparkassenverband Niedersachsen, Hannover

Gerhard Löhr
Abteilungsleiter Revision, Finanzierungen, Landesbank Hessen-Thüringen Girozentrale, Offenbach

Thomas Löhr
Regionalbereich Banken und Finanzaufsicht, Deutsche Bundesbank, Hauptverwaltung in Hessen, Frankfurt am Main

Erich Loeper
Zentralbereichsleiter Banken und Finanzaufsicht, Deutsche Bundesbank, Frankfurt am Main

Andreas Lösing
Stellv. Vorstandsvorsitzender, Sparda-Bank West eG, Düsseldorf

Dirk Lötters
Regionalbereich Banken und Finanzaufsicht, Deutsche Bundesbank, Hauptverwaltung in Bremen, Niedersachsen und Sachsen-Anhalt, Hannover

Matthias Löw
Stellv. Vorstandsvorsitzender, Bundesverband Factoring für den Mittelstand e.V., Berlin

Dr. Brigitte Loewenich
Abteilungsdirektorin, Deutscher Sparkassen- und Giroverband e.V., Berlin

Reinhard Loose
Vorstand Finanzen, MLP Finanzdienstleistungen AG, Wiesloch

Tina Lortz
Eurex Repo GmbH, Eschborn

Michael Luderer
Geschäftsführer, Severn Consultancy GmbH, Frankfurt am Main

Walter Ludwig
Geschäftsführer, Walter Ludwig GmbH Wertpapierhandelsbank, Frankfurt am Main

Uwe Lüders
Vorstandsmitglied, ProCredit Bank AG, Frankfurt am Main

Markus Lühe
Sales Manager Germany & Switzerland, Wolters Kluwer Financial Services, Teltow

Karl-Udo Lütteken
Vorstandsmitglied, Volksbank Brilon-Büren-Salzkotten eG, Salzkotten

Jürgen Lux
Geschäftsführer, BearingPoint Software Solutions GmbH, Frankfurt am Main

Prof. Günther Luz
Bundesbankdirektor a.D., Metzingen

Andreas Maaser
Senior Referent, DZ BANK AG, Deutsche Zentral-Genossenschaftsbank, Frankfurt am Main

Andreas Mach
Leiter QR Aufsichtsrecht, Wüstenrot Bausparkasse AG, Ludwigsburg

Michael Mager
Vorstandsmitglied, Rheingauer Volksbank eG, Geisenheim

Fragias Makridakis
Risikomanager, biw Bank für Investments und Wertpapiere AG, Willich

Jürgen Manegold
Vorstandssprecher, EDEKABANK AG, Hamburg

Martin Mann
Leiter Risikosteuerung, Sparda-Bank Berlin eG, Berlin

Dr. Milena Marinova
Senior Manager, Ernst & Young GmbH, Wirtschaftsprüfungsgesellschaft, Stuttgart

Dr. Stefan Markscheffel
Zentralbereichsleiter Informationstechnologie, Deutsche Bundesbank, Frankfurt am Main

Christoph Marniok
Branch Manager, The Bank of New York Mellon Frankfurt Branch, Frankfurt am Main

Peter Marsch
Vorstandsmitglied, vr bank Untertaunus eG, Idstein

Ralph Martens
Leiter Strategie, DekaBank, Deutsche Girozentrale, Frankfurt am Main

Dr. Andreas Martin
Vorstandsmitglied, Bundesverband der Deutschen Volksbanken und Raiffeisenbanken e.V. (BVR), Berlin

Stephan Martin
Gruppenleiter Risikocontrolling, Degussa Bank AG, Frankfurt am Main

Fanny Máté
Consultant, Dr. Peter & Company AG, Frankfurt am Main

Sven Matuschek
Vorstandsmitglied, Raiffeisenbank Gotha eG, Gotha

Michael Mayer
Leiter Gesamtbanksteuerung, Bürgschaftsbank Baden-Württemberg GmbH, Stuttgart

Hans-Jürgen Mehl
Vorstandsmitglied, Volksbank Darmstadt-Südhessen eG, Darmstadt

Tilo Mehner
Abteilungsdirektor Kompetenzcenter Firmenkunden Mittweida, Sparkasse Mittelsachsen, Freiberg

Falk Mehrfort
Abteilungsleiter Unternehmenssteuerung, Kreissparkasse Börde, Oschersleben

Uwe Mehrholz
Leiter Kreditrisikomodelle, Oldenburgische Landesbank AG, Oldenburg

Harald Meichelbeck
Geschäftsführer, HM Consulting GmbH, Feldkirchen-Westerham

Markus Meichsner
Abteilungsleiter Aufsichtsrecht, Bausparkasse Schwäbisch Hall AG, Schwäbisch Hall

Sandra Meidel
Abteilungsleiterin Aufsichtsrecht, Bausparkasse Schwäbisch Hall AG, Schwäbisch Hall

Alexander Meihsner
Leiter Finanzen, Controlling, Compliance, Aachener Bausparkasse AG, Aachen

Liane Meiss
Geschäftsführerin, BSM BankingSysteme und Managementberatung GmbH, Frankfurt am Main

Bernd Meist
Mitglied der Geschäftsleitung, Bank of China Ltd., Zweigniederlassung Frankfurt, Frankfurt am Main

Dr. h.c. Edgar Meister
Vorstandsmitglied a.D., Deutsche Bundesbank, Frankfurt am Main

Alexander Mende
Abteilungsleiter Treuhand-/Rechnungswesen, Saarländische Investitionskreditbank Aktiengesellschaft, Saarbrücken

Florian Merkel
Leiter Risikocontrolling, NRW.BANK, Düsseldorf

Dr. Hubertus Mersmann
Teamleiter Beteiligungen, Deutsche Leasing AG, Bad Homburg v. d. Höhe

Hans-Josef Mertens
Vorstandsmitglied, Kreissparkasse Heinsberg, Erkelenz

Friedhelm Mette
Vorstandsmitglied, Raiffeisenbank eG, Baunatal

Stefan Maximilian Meyer
Bundesanstalt für Finanzdienstleistungsaufsicht, Bonn

Dr. Thomas Meyer
Fondsmanager, MPPM Manfred Piontke Portfolio Management, Eppstein

Olaf Michel
Vorstandsmitglied, Sparkasse Witten, Witten

Sandra Michelfelder
Head Risk Controlling, ABN AMRO Bank N.V., Frankfurt Branch, Frankfurt am Main

Dr. Holger Mielk
Abteilungsleiter Recht, Bundesverband der Deutschen Volksbanken und Raiffeisenbanken e.V. (BVR), Berlin

Dr. Martin Mihalovits
Vorstandsvorsitzender, Kreissparkasse Miesbach-Tegernsee, Miesbach

Dietmar Mittelstädt
Stellv. Vorstandsmitglied, Sparkasse Neuss, Neuss

Dr. Bettina Mohr
Bereichsleiterin Konzernrisikocontrolling, Landesbank Baden-Württemberg, Stuttgart

Michael Mohr
Sprecher der Geschäftsführung, abcfinance GmbH, Köln

Markus Morfeld
Partner, Roever Broenner Susat Mazars GmbH & Co. KG, Berlin

Dr. Ulf Morgenstern
Senior Manager, zeb.rolfes.schierenbeck. associates gmbh, Münster

Dr. Marcel Morschbach
Vorstandsmitglied, quirin bank AG, Berlin

Dr. Berthold Morschhäuser
Chefredakteur, Zeitschrift für das gesamte Kreditwesen, Verlag Fritz Knapp GmbH, Frankfurt am Main

Rudolf Moschitz
Head of Group Internal Audit, Deutsche Pfandbriefbank AG, Unterschleißheim

Dr. Bettina Müller
Leiterin Portfolio Risk Management, Mercedes-Benz Bank AG, Stuttgart

Margarete Müller
Präsidentin, Deutsche Bundesbank, Hauptverwaltung in Nordrhein-Westfalen, Düsseldorf

Markus Müller
Vorstandsmitglied, Sparda-Bank Hessen eG, Frankfurt am Main

Patrick Müller
Referent Bankaufsicht und Risikomanagement, Verband deutscher Pfandbriefbanken e.V., Berlin

Ronald Müller
BFS finance GmbH, Verl

Dr. Jens Müller-Merbach
Leiter Meldewesen, ING-DiBa AG, Frankfurt am Main

Bernd Müntz
Vorstandsmitglied, Hannoversche Volksbank eG, Hannover

Phillip Mundine
Consultant, Dr. Peter & Company AG, Frankfurt am Main

Manfred Nagel
Regionalbereich Banken und Finanzaufsicht, Deutsche Bundesbank, Hauptverwaltung in Baden-Württemberg, Stuttgart

Haiko Naumann
Bereichsleiter Credit Risk Non Core, Commerzbank AG, Eschborn

Heiko Nebel
Vorstandsvorsitzender, Stadtsparkasse Burgdorf, Burgdorf

Rudolf Neidhart
Regionalbereichsleiter Banken und Finanzaufsicht, Deutsche Bundesbank Hauptverwaltung in Berlin und Brandenburg, Berlin

Martin Neisen
Partner, PricewaterhouseCoopers AG, Wirtschaftsprüfungsgesellschaft, Frankfurt am Main

Dr. Kai Nekat
Abteilungsleiter Finanzen, EDEKABANK AG, Hamburg

Sascha Nell
Abteilungsdirektor Produktmanagement Eigengeschäft, DZ BANK AG, Deutsche Zentral-Genossenschaftsbank, Frankfurt am Main

Marijan Nemet
Partner, Deloitte & Touche GmbH, Wirtschaftsprüfungsgesellschaft, Frankfurt am Main

Peter Neuhaus
Vorstandsmitglied, vr bank Südthüringen eG, Suhl

Henrik Neunhoeffer
Solution Manager, iBS Innovative Banking Solutions AG, Wiesbaden

Emmanuel Nidelat
Head Risk Controlling, Bank Julius Bär Europe AG, Frankfurt am Main

Stefan Nießner
Zentralbereich Banken und Finanzaufsicht, Deutsche Bundesbank, Frankfurt am Main

Thomas Niggemann
Stellv. Direktor, Landesbank Baden-Württemberg, Stuttgart

Stephan Ninow
Geschäftsleiter, abcbank GmbH, Köln

Thomas Nordheim
Bereichsleiter Revision, Evangelische Bank eG, Kiel

Claus Nordsieck
Vorstandsmitglied, Kreissparkasse Grafschaft Diepholz, Diepholz

Franziska Norgall
Mercedes-Benz Bank AG, Stuttgart

Andreas Nüdling
Stellv. Vorstandsmitglied, Sparkasse Leipzig, Leipzig

Alexander Nürk
BMW Bank GmbH, München

Jörg Oeing
Referent Kompetenz-Center Banksteuerung, Sparkassenverband Westfalen-Lippe, Münster

Inga Oetker
Credit Manager, DMG MORI Finance GmbH, Wernau

Dieter Ohlsen
Vorstandsmitglied, Frankenberger Bank, Frankenberg

Thomas Ohmann
Abteilungsleiter Finanzen, Toyota Kreditbank GmbH, Köln

Dr. Jörg Oliveri del Castillo-Schulz
Vorstandsmitglied, IKB Deutsche Industriebank AG, Düsseldorf

Peter Oppolzer
Vorstandsmitglied, VR-Bank Schweinfurt eG, Sennfeld

Jakob Orthacker
Counsellor, Europäische Zentralbank, Frankfurt am Main

Dr. Christian Ossig
Mitglied der Hauptgeschäftsführung, Bundesverband deutscher Banken e.V., Berlin

Matthias Oßmann
Senior Manager, RFC Professionals GmbH, Oestrich-Winkel

Kai Ostermann
Vorstandsvorsitzender, Deutsche Leasing AG, Bad Homburg v.d. Höhe

Dr. Eckhard Ott
Vorstandsvorsitzender, DGRV – Deutscher Genossenschafts- und Raiffeisenverband e.V., Bonn

Christian Otto
Abteilungsleiter Koordinierung der nationalen und internationalen laufenden Aufsicht, Deutsche Bundesbank, Frankfurt am Main

Klaus-Friedrich Otto
Herausgeber, Zeitschrift für das gesamte Kreditwesen, Verlag Fritz Knapp GmbH, Frankfurt am Main

Michael Otto
Internal Audit Department, Hyundai Capital Services Deutschland GmbH, Frankfurt am Main

Philipp Otto
Chefredakteur, Verleger und Geschäftsführender Gesellschafter, Verlage Fritz Knapp GmbH und Helmut Richardi GmbH, Frankfurt am Main

Wolfgang Overkamp
Vorstandsmitglied, Hamburgische Investitions- und Förderbank, Hamburg

Thomas Pabst
Aareal Bank AG, Wiesbaden

Dirk Pagel
Abteilungsdirektor, WGZ BANK AG, Westdeutsche Genossenschafts-Zentralbank, Düsseldorf

Petra Palte
Zentralbereichsleiterin Revision,
Deutsche Bundesbank, Frankfurt am Main

Patrick Panther
Abteilungsdirektor, Commerzbank AG,
Frankfurt am Main

Chryssa Papathanassiou
Europäische Zentralbank, Frankfurt am Main

Josef Paul
Vorstandsmitglied, Rüsselsheimer Volksbank eG,
Rüsselsheim

Roger Pawellek
Vorstandsmitglied, Volksbank Lübeck eG, Lübeck

Michael Peschel
Abteilungsleiter Controlling, Rechnungswesen,
Organisation, Deutsche Bundesbank,
Frankfurt am Main

Dr. Andreas Peter
Vorstandsvorsitzender, Dr. Peter & Company AG,
Frankfurt am Main

Andreas Peters
Stellv. Vorstandsvorsitzender, Sparkasse Rhein-Nahe, Bad Kreuznach

Sven Petersen
Geschäftsführer, SAM Sachsen Asset
Management GmbH, Leipzig

Prof. Dr. Markus Petry
Hochschule RheinMain Wiesbaden Business
School, Wiesbaden

Gloria Pfaue
Managing Director, Deutsche Börse Group,
Eschborn

Jürgen Pfeffer
Vorstandsmitglied, Vereinigte Sparkassen
Gunzenhausen, Gunzenhausen

Jürgen Pfeifer
Bereichsleiter, Volksbank Dill eG, Dillenburg

Herbert Pfennig
Vorstandsvorsitzender,
Deutsche Apotheker- und Ärztebank, Düsseldorf

Prof. Dr. Andreas Pfingsten
Institutsleiter, Institut für Kreditwesen
Westfälische Wilhelms-Universität, Münster

Florian Pflüger
Projektmanager Regulatorik, DekaBank,
Deutsche Girozentrale, Frankfurt am Main

Rolf Pflüger
Referent, GdW Bundesverband deutscher Wohnungs- und Immobilienunternehmen e.V., Berlin

Daniel Piatek
Bereichsleiter Risikomanagement,
comdirect bank Aktiengesellschaft, Quickborn

Thomas Piehl
Vorstandsmitglied, Sparkasse Lüneburg, Lüneburg

Jürgen Pinnisch
Vorstandsmitglied, Volksbank Heilbronn eG,
Heilbronn

Dietmar Pitzen
Vorstandsvorsitzender, Kreissparkasse Vulkaneifel, Daun

Alexandra Pötter
Mitglied der Geschäftsleitung, Phynance GmbH,
Köln

Daniel Pott
Partner, ifb AG, Grünwald

Michael Potthoff
Regionalbereich Banken und Finanzaufsicht,
Deutsche Bundesbank, Hauptverwaltung in
Sachsen und Thüringen, Leipzig

Jens Prößer
Vorstandsmitglied, Volksbank Dreieich eG,
Dreieich

Ulrich Pukropski
Bereichsvorstand Financial Services,
KPMG AG Wirtschaftsprüfungsgesellschaft,
Frankfurt am Main

Gerhard Pulverich
Leiter Interne Revision, Investitions- und
Strukturbank Rheinland-Pfalz (ISB), Mainz

Jan Putfarken
Vorstandsmitglied, LBS Norddeutsche
Landesbausparkasse Berlin-Hannover, Hannover

Daniel Quinten
Partner Financial Services, KPMG AG Wirtschaftsprüfungsgesellschaft, München

Kerstin Radtke
Zentralbereich Banken und Finanzaufsicht,
Deutsche Bundesbank, Frankfurt am Main

Prof. Dr. Steffen Rasch
Studiengangsleiter, BWL-Bank,
Duale Hochschule Baden-Württemberg, Karlsruhe

Roland Raskopf
Senior Financial Sector Specialist, Bank für Internationalen Zahlungsausgleich, Basel

Etriz Rassa
Spezialist Regulatory, Helaba Invest Kapitalanlagegesellschaft mbH, Frankfurt am Main

Karl-Heinz Rauch
Managing Director Audit, Aareal Bank AG, Wiesbaden

Gerrit Raupach
Vorstandsvorsitzender, VALOVIS BANK AG, Essen

Timo Redel
Stellv. Leiter Gesamtbanksteuerung,
Sparkasse Uelzen Lüchow-Dannenberg, Uelzen

Marcel Rednoss
Experte für Bankenabwicklung,
Bundesanstalt für Finanzmarktstabilisierung (FMSA), Frankfurt am Main

Dr. Peter Regnery
Managing Director, Agricultural Bank of China Ltd. Frankfurt Branch, Frankfurt am Main

Karin Reichardt-Petry
Senior Financial Sector Specialist, Bank für Internationalen Zahlungsausgleich, Basel

Karl-Heinz Reidenbach
Vorstandsmitglied, Volksbank Kaiserslautern-Nordwestpfalz eG, Kaiserslautern

Andreas Reilich
Head of Audit, Clearstream Banking AG, Eschborn

Dr. Richard Reimer
Partner, Hogan Lovells International LLP, Frankfurt am Main

Wolfgang Reinert
DKB Deutsche Kreditbank AG, Berlin

Thomas Reinhard
Vorstandssprecher,
VR Bank Bad Orb-Gelnhausen eG, Gelnhausen

Dr. Jens-Peter Reinhardt
Bereichsleiter, Landesbank Baden-Württemberg, Stuttgart

Ludwig Reinhardt
Bereichsleiter, Deutsche Postbank AG, Bonn

Dr. Michael Reinhart
Vorstandsmitglied, Volkswagen Financial Services AG, Braunschweig

Thomas Reinig
Vorstandsmitglied, Volksbank Ettlingen eG, Ettlingen

Armin Reinke
Vorstandsvorsitzender, Kreissparkasse Saarpfalz, Homburg

Robert Restani
Vorstandsvorsitzender, Frankfurter Sparkasse, Frankfurt am Main

Matthias Reusch
Gruppenleiter Marktfolge/Kredit, Bundesrepublik Deutschland – Finanzagentur GmbH, Frankfurt am Main

Matthias Reuter
Bankhaus Lampe KG, Düsseldorf

Alexandra Richers
Direktorin, DekaBank, Deutsche Girozentrale, Frankfurt am Main

Henning Richerzhagen
Abteilungsleiter,
Sparkassenverband Westfalen-Lippe, Münster

Ulrich Richter
Leiter Risikocontrolling,
IKB Deutsche Industriebank AG, Düsseldorf

Ulrich Rieckert
Managing Consultant, adesso AG, Frankfurt am Main

Konrad Riedl
Geschäftsführer, Porsche Financial Services GmbH, Bietigheim-Bissingen

Johannes Rieger
Vorstandsvorsitzender, Sparkasse Schweinfurt, Schweinfurt

Harald Riehle
Vorstandsvorsitzender,
Volksbank Friedrichshafen eG, Friedrichshafen

Dr. Cornelius Riese
Vorstandsmitglied, DZ BANK AG,
Deutsche Zentral-Genossenschaftsbank,
Frankfurt am Main

Peter Rindfleisch
Partner, TNP Deutschland GmbH,
Frankfurt am Main

Stephan Ringwald
Vorstandsmitglied, Kulmbacher Bank eG,
Kulmbach

Michael Ritter
Zentralbereich Banken und Finanzaufsicht,
Deutsche Bundesbank, Frankfurt am Main

Mathias Ritzmann
persönlich haftender Gesellschafter,
Bankhaus Max Flessa KG, Schweinfurt

Claus Rösler
Senior Referent, DZ BANK AG, Deutsche Zentral-
Genossenschaftsbank, Frankfurt am Main

Dr. Gernot Rößler
Chefsyndikus, Verband Deutscher
Bürgschaftsbanken e.V., Berlin

Stefan Röth
Senior Manager, PricewaterhouseCoopers AG,
Wirtschaftsprüfungsgesellschaft,
Frankfurt am Main

Florian Rogge
Referent Bankaufsichtsrecht, Sparkassen- und
Giroverband Hessen-Thüringen (SGVHT),
Frankfurt am Main

Dr. Dirk Rogowski
Geschäftsführer, Veritas Institutional GmbH,
Hamburg

Bernd Rohleder
Leiter Produktmanagement Eigengeschäft,
DZ BANK AG, Deutsche Zentral-
Genossenschaftsbank, Frankfurt am Main

Katrin Rohmann
Partnerin, Deloitte & Touche GmbH,
Wirtschaftsprüfungsgesellschaft, Berlin

Dr. Martin Rohmann
Geschäftsführer, ORO Services GmbH,
Frankfurt am Main

Hans Jürgen Rohmer
Vorstandsvorsitzender, Sparkasse Mittelfranken-
Süd, Roth

Birgit Rosczyk
Bereichsleiterin Revision, NRW.BANK, Düsseldorf

Gert Rosendahl
Regionalbereichsleiter Banken und
Finanzaufsicht, Deutsche Bundesbank,
Hauptverwaltung in Bremen, Niedersachsen
und Sachsen-Anhalt, Hannover

Dr. Wibke Rosenhayn
Bundesanstalt für Finanzdienstleistungsaufsicht,
Bonn

Steffen Roßkopf
Vorstandsmitglied, Sparkasse Rhein-Nahe,
Bad Kreuznach

Dr. Hans-Joachim Rottländer
Regionalbereichsleiter Banken und Finanzaufsicht, Deutsche Bundesbank, Hauptverwaltung in Sachsen und Thüringen, Leipzig

Dr. Franz Rudorfer
Geschäftsführer, WKÖ Wirtschaftskammer Österreich, Bundessparte Bank + Versicherung, Wien

Bastian Rüger
Referent Beteiligungen, Deutsche Leasing AG,
Bad Homburg v.d. Höhe

Peter Rüsseler
Vorstandsmitglied, Kreissparkasse Gotha, Gotha

Manfred Ruhs
Vorstandsvorsitzender,
Volksbank Höchst a.M. eG, Frankfurt am Main

André-Christian Rump
Vorstandsmitglied, Sparda-Bank Hannover eG,
Hannover

Wilhelm Rupp
Vorstandsmitglied, Volksbank Kraichgau
Wiesloch-Sinsheim eG, Wiesloch

Hermann Ruprich
Berater, HR IT-Consulting, Essenbach

Dr. Olaf Ruske
Geschäftsführer, Quantic GmbH, Hamburg

Diana Rutzka-Hascher
Präsidentin, Deutsche Bundesbank,
Hauptverwaltung in Hessen, Frankfurt am Main

Jelena Saihhova
Senior Manager, Ernst & Young GmbH,
Wirtschaftsprüfungsgesellschaft, Eschborn

Uwe Sailer
Gruppenleiter Bilanzstrukturmanagement,
Landesbank Baden-Württemberg, Stuttgart

Julia Sanglard
Managerin, PricewaterhouseCoopers AG, Wirtschaftsprüfungsgesellschaft, Frankfurt am Main

Lars Henner Santelmann
Vorstandsvorsitzender, Volkswagen Financial Services AG, Braunschweig

Nawid Sarwari
Bundesanstalt für Finanzdienstleistungsaufsicht, Bonn

Georg Schachner
Vorstandsmitglied, National-Bank AG, Essen

Jürgen Schäfer
Vorstandsmitglied, Wiesbadener Volksbank eG, Wiesbaden

Helga Schardt
VR-Bank in Mittelbaden eG, Iffezheim

Dr. Egbert Schark
Partner, d-fine GmbH, Frankfurt am Main

Armin Scharpf
Regionalbereich Banken und Finanzaufsicht, Deutsche Bundesbank, Hauptverwaltung in Bayern, München

Walter Schauf
Regionalbereich Banken und Finanzaufsicht, Deutsche Bundesbank, Hauptverwaltung in Nordrhein-Westfalen, Düsseldorf

Rainer Scherer
Regionalbereichsleiter Banken und Finanzaufsicht, Deutsche Bundesbank, Hauptverwaltung in Rheinland-Pfalz und dem Saarland, Mainz

Edmund Schermann
Vorstandsvorsitzender, Sparkasse Mittelmosel Eifel-Mosel-Hunsrück, Bernkastel-Kues

Ralf Scheuermann
Mitglied der Geschäftsleitung, iBS Innovative Banking Solutions AG, Wiesbaden

Dr. Gerhard Schick
Mitglied des Bundestages, Berlin

Christian Schiele
Partner, zeb.rolfes.schierenbeck.associates gmbh, Münster

Mathias Schier
Gruppenleiter, Landesbank Hessen-Thüringen Girozentrale, Offenbach

Rainer Schikatzki
Vorstandsmitglied, Sparkasse Meißen, Riesa

Herbert Schillinger
Vorstandsmitglied, Volksbank Stuttgart eG, Stuttgart

Stefan Schillmann
Leiter Modell- und Verfahrensmanagement, parcIT GmbH, Köln

Torsten Schittenhelm
Partner, TNP Deutschland GmbH, Frankfurt am Main

Dr. Franz Schlarmann
Vorstandsmitglied, LBS Westdeutsche Landesbausparkasse, Münster

Helgard Schleicher
Verbandsreferentin, Sparkassen- und Giroverband Hessen-Thüringen (SGVHT), Frankfurt am Main

Dirk Schlenker
Vorstandsmitglied, Volksbank Vorbach-Tauber eG, Weikersheim

Reinhard Schlottbom
Vorstandsvorsitzender, PSD Bank Westfalen-Lippe eG, Münster

Dorit Schlüter
Vorstandsvorsitzende, Stadtsparkasse Bad Honnef, Bad Honnef

Wilfried Schlüter
Vorstandsmitglied, Harzsparkasse Wernigerode

Andre Schmeis
Vorstandsmitglied, Raiffeisenbank Much-Ruppichteroth eG, Much

Benjamin Schmidt
Senior Consultant, ifb AG, Grünwald

Corinn Schmidt
Beraterin, Roland Eller Consulting GmbH, Zossen

Dr. Markus Schmidt
Referent des Vorstandsmitglieds Dr. Andreas Dombret, Deutsche Bundesbank, Frankfurt am Main

Stephan Schmidt
Abteilungsleiter Risikocontrolling, comdirect bank Aktiengesellschaft, Quickborn

Olaf Schmiedt
Vorstandsmitglied, Bensberger Bank eG, Bensberg

Holger Schmitt
Leiter Unternehmensbereich Strategie, SaarLB Landesbank Saar, Saarbrücken

Stefan Schmitt
Leiter Unternehmenssteuerung, Stadtsparkasse Wermelskirchen, Wermelskirchen

Prof. Dr. Harald Schmitz
Vorstandsvorsitzender, Bank für Sozialwirtschaft AG, Köln

Norbert Schmitz
Vorstandssprecher, VR-Bank Fläming eG, Luckenwalde

Volker Schmitz
Geschäftsführer, Bürgschaftsbank Sachsen GmbH, Dresden

Prof. Dr. Isabel Schnabel
Institut für Finanzmarktökonomie und Statistik, Friedrich-Wilhelms-Universität Bonn, Bonn

Dirk Schneider
Fiducia & GAD IT AG, Münster

Dirk Schneider
Geschäftsführer, Walter Ludwig GmbH Wertpapierhandelsbank, Frankfurt am Main

Dr. Mike Schneider
WGZ BANK AG, Westdeutsche Genossenschafts-Zentralbank, Düsseldorf

Thomas Schneider
Senior Referent, DZ BANK AG, Deutsche Zentral-Genossenschaftsbank, Frankfurt am Main

Clemens Schnell
Stellv. Vorstandsvorsitzender, Sparkasse Vorderpfalz, Ludwigshafen am Rhein

Dr. Michael Schnellbach
Product Manager, iBS Innovative Banking Solutions AG, Wiesbaden

Susanne Schön
Referentin Aufsicht, S Rating und Risikosysteme GmbH, Berlin

Volker Schoenau
Vorstandsmitglied, Sparkasse Dillenburg, Dillenburg

Dr. Alexander Schöne
Geschäftsführer, BSM BankingSysteme und Managementberatung GmbH, Frankfurt am Main

Martin Schöner
Vorstandsmitglied, Volksbank Stein Eisingen eG, Königsbach-Stein

Leif Schönstedt
Leiter Beratung Aufsichtsrecht, Union Investment Institutional GmbH, Frankfurt am Main

Peter Scholten
Vorstandsvorsitzender, Sparkasse Rhein-Nahe, Bad Kreuznach

Kerstin Scholz
Vorstandsmitglied, VR-LEASING Aktiengesellschaft, Eschborn

Gerhard Schorr
Verbandsdirektor, Baden-Württembergischer Genossenschaftsverband e.V., Stuttgart

Birgit Schorsy
Geschäftsführerin, B.SY4 Consulting GmbH, Reichenbach

Sebastian Schramm
Spezialist in der Konzernentwicklung, Commerzbank AG, Frankfurt am Main

Jörg Schröder
Geschäftsführer, MKB Mittelrheinische Bank GmbH, Koblenz

Michael Schröder
Head of Risk Management, Triodos Bank N.V. Deutschland, Frankfurt am Main

Helena Schuck
Produktmanagerin, Akademie Deutscher Genossenschaften, Montabaur

Silvia Schütte
Direkorin, Bundesverband deutscher Banken e.V., Berlin

Marius Schulte-Mattler
Consultant, PricewaterhouseCoopers AG, Wirtschaftsprüfungsgesellschaft, Frankfurt am Main

Philipp Schultheiß
Bereichsleiter Vorstandsstab, BBBank eG, Karlsruhe

Alexander Schulz
Abteilungsleiter Risikoanalysen, Deutsche Bundesbank, Frankfurt am Main

Dr. Anja Schulz
Teamleiterin Regulatorik, Deutsche Postbank AG, Bonn

Johannes Schulz
Vorstandsmitglied,
Städtische Sparkasse zu Schwelm, Schwelm

Alexander Schulz-Sacharow
Leitung Meldewesen, HSH Nordbank AG, Hamburg

Anja Schulze
Bereichsleitung Finanzen, Berliner Volksbank eG, Berlin

Günther Schuster
Regionalbereichsleiter Banken und Finanzaufsicht, Deutsche Bundesbank, Hauptverwaltung in Baden-Württemberg, Stuttgart

Werner Schwacha
Vorstandsmitglied,
Sparkasse Engen-Gottmadingen, Engen

Klaus Schweda
Leiter Rechtskoordination Aufsichtsrecht, BMW Bank GmbH, München

Christof Schwehn
Vorstandsmitglied,
Volksbank Herborn-Eschenburg eG, Herborn

Alexander Schweizer
Risikomanager, Würth Leasing GmbH & Co. KG, Albershausen

Axel Schwengels
Prüfungsdienstleiter, Genossenschaftsverband Weser-Ems e.V., Oldenburg

Sven Schwonke
Regionalbereich Banken und Finanzaufsicht, Deutsche Bundesbank, Hauptverwaltung in Berlin und Brandenburg, Berlin

Joachim Secker
Vorstandsvorsitzender, GE Capital Bank AG, Mainz

Günter Sedlak
Vorstandsvorsitzender, Sparkasse Oberhessen, Friedberg

Carlo Segeth
Vorstandsvorsitzender, Bank 1 Saar eG, Saarbrücken

Patric Seidel
Stellv. Leiter Bankenaufsicht, NRW.BANK, Düsseldorf

Dr. Markus Seifert
Senior Manager, d-fine GmbH, Frankfurt am Main

Dr. Carola Seiler
Vorstandsmitglied, VR-Bank Fläming eG, Luckenwalde

Matthias Seim
Vorstandsmitglied,
Raiffeisenbank Werratal-Landeck eG, Heringen

Steffen Seiss
Abteilungsleiter, Baden-Württembergischer Genossenschaftsverband e.V., Karlsruhe

Christian Seiwald
Deloitte & Touche GmbH,
Wirtschaftsprüfungsgesellschaft, München

Hans Jörg Sellner
Teamleiter Methodik, RSU Rating Service Unit GmbH & Co. KG, München

Claus Sendelbach
Mitglied der Geschäftsführung,
Apo Asset Management GmbH, Düsseldorf

Andreas Seuthe
Regionalbereich Banken und Finanzaufsicht, Deutsche Bundesbank, Hauptverwaltung in Nordrhein-Westfalen, Düsseldorf

Werner Severin
Vorstandsvorsitzender, SaarLB Landesbank Saar, Saarbrücken

Bernhard Sibold
Präsident, Deutsche Bundesbank, Hauptverwaltung in Baden-Württemberg, Stuttgart

Thomas Siebenaller
Vorstandsvorsitzender, Raiffeisenbank Obermain Nord eG, Altenkunstadt

Klaus Siegers
Vorstandsvorsitzender, Weberbank Actiengesellschaft, Berlin

Holger Sielaff
Vertreter des Vorstands, Sparkasse Goslar/Harz, Goslar

Lise Simon
Europäische Zentralbank, Frankfurt am Main

Michael Simon
Vorstandsmitglied, VR Bank Bad Orb-Gelnhausen eG, Gelnhausen

Matthias Smit
Referent Bankenaufsichtsrecht, Genossenschaftsverband Weser-Ems e.V., Oldenburg

Dr. Constantin Sobiella
Partner, d-fine GmbH, Frankfurt am Main

Steffen Söffner
Referent Grundsatzfragen, Genossenschaftsverband e.V., Verwaltungssitz Neu-Isenburg, Neu-Isenburg

Guido M. Sollors
Geschäftsführender Gesellschafter, Sollors & Co. (GmbH & Co. KG), Hamburg

Michael Somma
Referatsleiter Betriebswirtschaft, Bankenfachverband e.V., Berlin

Ulrich Sommer
Stellv. Vorstandsvorsitzender, Deutsche Apotheker- und Ärztebank, Düsseldorf

Manfred Sonnenschein
Vorstandsmitglied, Bank im Bistum Essen eG, Essen

Jean Spanjersberg
Vorstandsmitglied, NIBC Bank Deutschland AG, Frankfurt am Main

Michael Speth
Vorstandsmitglied, WGZ BANK AG, Westdeutsche Genossenschafts-Zentralbank, Düsseldorf

Andrea Spielbauer
Referentin Vermögens- und Risikomanagement, Sparkassenverband Bayern, München

Dr. Thomas Spies
Rechtsanwalt, RA Dr. Spies GbR, Frankfurt am Main

Andrea Stahr-Möschl
Bereichsleiterin Risikomanagement, MLP Finanzdienstleistungen AG, Wiesloch

Ralf Stapp
Geschäftsführer, Bremer Aufbau-Bank GmbH, Bremen

Jörn Stauch
Vorstandsmitglied, Sparkasse Burgenlandkreis, Zeitz

Heiko Stechele
Leiter Compliance, Aufsichtsrecht, BMW Bank GmbH, München

Klaus Steckmann
Vorstandsmitglied, Sparkasse Vorderpfalz, Ludwigshafen am Rhein

Ole Steffes
Vorstandsmitglied, Volksbank-Raiffeisenbank Glauchau eG, Glauchau

Henrik Stein
Konzernrevisionsleiter, DZ BANK AG, Deutsche Zentral-Genossenschaftsbank, Frankfurt am Main

Dirk Steinbach
Vorstandsmitglied, Sparkasse Gummersbach-Bergneustadt, Gummersbach

Wolfgang Steiner
Referent Grundsatzfragen der Sicherungseinrichtung Bereich Risiko, Bundesverband der Deutschen Volksbanken und Raiffeisenbanken e.V. (BVR), Bonn

Dr. Karsten Steinke
Senior Revisor, KfW Bankengruppe, Frankfurt am Main

Odo Steinmann
Vorstandsmitglied, Volksbank Rhein-Nahe-Hunsrück eG, Bad Kreuznach

Beatrix Stejskal-Passler
Zentralbereich Statistik, Deutsche Bundesbank, Frankfurt am Main

Albrecht Steller
Vorstandsmitglied, Volksbank Kaiserslautern-Nordwestpfalz eG, Kaiserslautern

Dr. Peter Stemper
Vorstandsvorsitzender, Portigon AG, Düsseldorf

Stephan Freiherr von Stenglin
Präsident, Deutsche Bundesbank, Hauptverwaltung in Bremen, Niedersachsen und Sachsen-Anhalt, Hannover

Dr. Georg Stickel
Vorstandsmitglied, Sparkasse Pforzheim Calw, Pforzheim

Mike Stieler
Vorstandsvorsitzender, Sparkasse Sonneberg, Sonneberg

Georg Stindt
Abteilungsleiter Rechnungslegung/ Aufsichtsdatenbanken, Deutsche Bundesbank, Frankfurt am Main

Ingrid Stocker
Stellv. Vorstandsmitglied, Sparkasse Pfaffenhofen, Pfaffenhofen

Gabriele Stöffler
Senior Advisor, Oesterreichische Nationalbank, Wien

Michael Stölting
Vorstandsmitglied, NRW.BANK, Düsseldorf

Dr. Jörn Stöppel
Vorstandsvertreter, Sparkasse Münsterland Ost, Münster

Albrecht Stolle
Vorstandsmitglied, LfA Förderbank Bayern, München

Manuela Straube
Bereichsleiterin, Commerzbank AG, Frankfurt am Main

Prof. Dr. Albert Strecker
Dekan Fakultät Wirtschaft, Duale Hochschule Baden-Württemberg, Mosbach

Ekkehard Striegel
Direktor, ReiseBank AG, Frankfurt am Main

Andreas Strohm
Stellv. Vorstandsvorsitzender, Raiffeisenbank Tölzer Land eG, Bad Tölz

Bernd Struve
Geschäftsführer, barisco Risikomanagement GmbH, Hamburg

Peter Stutz
Abteilungsleiter Konzern-Finanzen, DZ BANK AG, Deutsche Zentral-Genossenschaftsbank, Stuttgart

Dr. Alexander Suyter
Geschäftsführer, Dr. Suyter GmbH, München

Jaqueline Tag
Vorstandsmitglied, Investitionsbank des Landes Brandenburg, Potsdam

Kai Tanimura
Spezialist Aufsichtsrecht, Münchener Hypothekenbank eG, München

Dr. Hubert Temmeyer
Präsident, Deutsche Bundesbank, Hauptverwaltung in Sachsen und Thüringen, Leipzig

Dr. Hariolf Teufel
Vorstandsvorsitzender, Kreissparkasse Göppingen, Göppingen

Annette Theil-Deininger
Vorstandsmitglied, Rhön-Rennsteig-Sparkasse, Meiningen

Klaus-Dieter Theis
Vorstandsmitglied, Volksbank Herborn-Eschenburg eG, Herborn

Hiltrud Thelen-Pischke
Director, PricewaterhouseCoopers AG, Wirtschaftsprüfungsgesellschaft, Frankfurt am Main

Dr. Thomas Thiel
Associated Partner, MHP – A Porsche Company, Ludwigsburg

Dr. Markus Thiele
Director, ifb AG, Köln

Dr. Klaus Tiedeken
Vorstandsmitglied, Kreissparkasse Köln, Köln

Claus Tigges
Präsident, Deutsche Bundesbank, Hauptverwaltung in Berlin und Brandenburg, Berlin

Aloys Tilly
Vorstandsmitglied, Bank Schilling & Co. AG, Hammelburg

Marcel Tilmann
Vorstandsmitglied, Volksbank Stein Eisingen eG, Königsbach-Stein

Dr. Eric Tjarks
Vorstandsvorsitzender, Sparkasse Bensheim, Bensheim

Jürgen Töpfer
Prokurist Finanzen, Sparda-Bank Südwest eG, Mainz

Dr. Caroline Toffel
Vorstandsmitglied, Kieler Volksbank eG, Kiel

Jens Tolckmitt
Hauptgeschäftsführer, Verband deutscher Pfandbriefbanken e.V., Berlin

Jochen Trabold
Vorstandsmitglied, Raiffeisenbank Neudenau-Stein-Herbolzheim eG, Neudenau

Torsten Traut
Abteilungsleiter Marktfolge, Kredit Sparkasse Sonneberg, Sonneberg

Carl Trinkl
Vorstandsvorsitzender, Kreissparkasse Ostalb, Aalen

Wolfram Trinks
Vorstandssprecher, Volksbank Ettlingen eG, Ettlingen

Dr. Jürgen Trumpfheller
Spezialist Closing & Reporting, Deutsche Postbank AG, Bonn

Jana Tschiltschke
Referentin, Deutscher Sparkassen- und Giroverband e.V., Berlin

Reiner Türk
Vorstandsvorsitzender, Volksbank Raiffeisenbank Rhön-Grabfeld eG, Bad Neustadt

Hans-Peter Ulepić
Vorstandssprecher, Gladbacher Bank AG, Mönchengladbach

Holger Unterhuber
Leiter Kreditabteilung, Stadt-Sparkasse Langenfeld, Langenfeld

Dr. Klaus Vajc
Vorstandsmitglied, Düsseldorfer Hypothekenbank AG, Düsseldorf

Behçet Vargönen
Vorstandsmitglied, isbank AG, Frankfurt am Main

Lutz Vehrenberg
Vorstandsmitglied, VR-Bank Südwestpfalz eG, Zweibrücken

Dr. Jukka Vesala
Generaldirektor, Europäische Zentralbank, Frankfurt am Main

Dr. Christian von Villiez
Vorstandssprecher, Düsseldorfer Hypothekenbank AG, Düsseldorf

Jürgen Vits
Direktor Konzernentwicklung, Commerzbank AG, Frankfurt am Main

Marcus Vitt
Vorstandssprecher, Donner & Reuschel AG, Hamburg

Dr. Philipp Völk
Manager, PricewaterhouseCoopers AG, Wirtschaftsprüfungsgesellschaft, Frankfurt am Main

Carolin Vogl
Wirtschaftsprüferin, Genossenschaftsverband Bayern e.V., München

Thomas Volk
Stabsstellenleiter SSM-Sekretariat, Deutsche Bundesbank, Frankfurt am Main

Reinhold Vollbracht
Stabsstellenleiter Koordinierung der Joint Supervisory Teams, Deutsche Bundesbank, Frankfurt am Main

Dirk Volz
Vorstandsmitglied, IKB Deutsche Industriebank AG, Düsseldorf

Lukas Vorholt
Referent Regulatorik, PB Factoring GmbH, Bonn

Dr. Frank Voßmann
Director, KPMG AG, Wirtschaftsprüfungsgesellschaft, Frankfurt am Main

Hans Wagener
Wirtschaftsprüfer/Steuerberater Oberursel, Mitherausgeber der „Zeitschrift für das gesamte Kreditwesen"

Claus-Peter Wagner
Managing Partner, Ernst & Young GmbH, Wirtschaftsprüfungsgesellschaft, Eschborn

Holger Wagner
Leiter Gesamtbanksteuerung, Honda Bank GmbH, Frankfurt am Main

Dr. Oliver Wagner
Geschäftsführer, Verband der Auslandsbanken in Deutschland e.V., Frankfurt am Main

Marc Walbröhl
Eurex Repo GmbH, Eschborn

Karlheinz Walch
Ständiger Vertreter des Zentralbereichsleiters Banken und Finanzaufsicht, Deutsche Bundesbank, Frankfurt am Main

Dr. Marcus Walden
Vorstandsvorsitzender, Sparkasse Worms-Alzey-Ried, Worms

Markus Walter
Vorstandsmitglied, Rüsselsheimer Volksbank eG, Rüsselsheim

Sabine Walther
Sparkasse Gießen, Gießen

Christof Wasser
Leiter Meldewesen, Bank für Sozialwirtschaft AG, Köln

Dirk Waßmann
Geschäftsführer, GAR Gesellschaft für Aufsichtsrecht und Revision mbH, Wirtschaftsprüfungsgesellschaft, Frankfurt am Main

Joachim Waßmann
Zentralbereich Banken und Finanzaufsicht, Deutsche Bundesbank, Frankfurt am Main

Jürgen Weber
Vorstandsvorsitzender, Sparda-Bank Hessen eG, Frankfurt am Main

Stefan Weber
Vorstandsmitglied, UmweltBank AG, Nürnberg

Wilhelm Webers
Managing Director, Portigon Financial Services GmbH, Düsseldorf

Christina Wehmeier
Referentin, Deutscher Sparkassen- und Giroverband e.V., Berlin

Markus Weick
Geschäftsführer, METARISK Consulting GmbH, Brühl

Ulf Weidemeyer
Dezernatsleiter Unternehmenssteuerung, Frankfurter Volksbank eG, Hanau

Michael Weidmann
Vorstandsmitglied, Sparda-Bank Hessen eG, Frankfurt am Main

Andreas Weigold
Leiter des Beschaffungszentrums, Deutsche Bundesbank, Frankfurt am Main

Michael Weil
Vorstandsmitglied, Sparkasse Mainz, Mainz

Prof. Dr. Christiane Weiland
Studiengangsleiterin, BWL-Bank, Duale Hochschule Baden-Württemberg, Karlsruhe

Silke Weiser-Walther
Managing Partner, Quoniam Asset Management GmbH, Frankfurt am Main

Matthias Weiß
Leiter Risikocontrolling, Modelle & Methoden, Degussa Bank AG, Frankfurt am Main

Dr. Mirko Weiß
Referent, Deutscher Sparkassen- und Giroverband e.V., Berlin

Marck Wengrzik
Geschäftsführer, AKA Ausfuhrkredit-Gesellschaft m.b.H., Frankfurt am Main

Dr. Andreas Werner
Partner, d-fine GmbH, Frankfurt am Main

Rüdiger Werner
Risk Manager, DVB Bank SE, Frankfurt am Main

Gerhard Wernink
Genossenschaftsverband Weser-Ems e.V., Oldenburg

Markus Werz
Direktor, CreditPlus Bank AG, Stuttgart

Frank Westermayer
Referent Risikocontrolling, SüdFactoring GmbH, Stuttgart

Alexander Wiedenbach
Geschäftsführer, SüdFactoring GmbH, Stuttgart

Andreas Wieland
Partner, White & Case LLP Rechtsanwälte, Frankfurt am Main

Uwe Wienand
Geschäftsführer, BSM BankingSysteme und Managementberatung GmbH, Frankfurt am Main

Thomas Wilbert
Produktmanager, Akademie Deutscher Genossenschaften, Montabaur

Dominik Wilcken
Leiter Bilanzen, Rechnungswesen und Controlling, M.M. Warburg & CO (AG & Co.) KGaA, Hamburg

Dr. Michael Wilkes
Vorstandsmitglied, Vereinigte Volksbank Raiffeisenbank eG, Wittlich

Dr. Eva Wimmer
Referatsleiterin, Bundesministerium der Finanzen, Berlin

Benno Wink
Zentralbereich Banken und Finanzaufsicht, Deutsche Bundesbank, Frankfurt am Main

Dr. Bernhard Wittmann
Revisor, BMW Bank GmbH, München

Dieter Wizemann
Vorstandsmitglied, Kreissparkasse Ludwigsburg, Ludwigsburg

Andreas Wodniok
Geschäftsleiter, ANZ Australia and New Zealand Banking Group Ltd., Niederlassung Frankfurt, Frankfurt am Main

Christian Wöstmann
Abteilungsleiter Rechnungslegung & Controlling, National-Bank AG, Essen

Christiane Wötzel
Bundesanstalt für Finanzdienstleistungsaufsicht, Bonn

Silke Wolf
Geschäftsführerin, Bayerischer Bankenverband e.V., München

Thorsten Wolff
Geschäftsleiter, VON ESSEN GmbH & Co. KG, Bankgesellschaft Essen

Wilhelm Wolfgarten
Partner, Deloitte & Touche GmbH, Wirtschaftsprüfungsgesellschaft, Düsseldorf

Doris Woll
Vorstandsvorsitzende, Saarländische Investitionskreditbank Aktiengesellschaft, Saarbrücken

Martin Wollinsky
Manager, PricewaterhouseCoopers AG, Wirtschaftsprüfungsgesellschaft, Frankfurt am Main

Jörg Wrede
Geschäftsführer, Bankhaus Rautenschlein GmbH, Schöningen

Bernd Würfel
Vorstandsvorsitzender, biw Bank für Investments und Wertpapiere AG, Willich

Ingmar Wulfert
Referent, Bundesverband deutscher Banken e.V., Berlin

Peter Xander
Geschäftsführer, FFS Bank GmbH, Stuttgart

Jürgen Zachmann
Vorstandsvorsitzender, Volksbank Pforzheim eG, Pforzheim

Dr. Ulrich von Zanthier
Director Financial Services, KPMG AG Wirtschaftsprüfungsgesellschaft, Frankfurt am Main

Andreas Zeiselmaier
Vorstandsmitglied, BAG Bankaktiengesellschaft, Hamm

Diane Zetzmann-Krien
Geschäftsführerin, TRUMPF Financial Services GmbH, Ditzingen

Michael Ziechnaus
Aufsichtsratsmitglied, VR-Bank Südthüringen eG, Suhl

Birgit Zimmermann
Referentin, Ostdeutscher Sparkassenverband, Berlin

Udo Zimmermann
Stellv. Vorstandsvorsitzender, Sparkasse Düren, Düren

Volker Zimmermann
Bereichsleiter Recht und Compliance, Volksbank Darmstadt-Südhessen eG, Darmstadt

Ludwig Zitzmann
Vorstandsvorsitzender, Sparkasse Oberpfalz Nord, Weiden

Willibald Zollner
Vorstandsmitglied, Raiffeisenbank Rattiszell-Konzell eG, Rattiszell

Melitta Zumbil
Compliance, Aufsichtsrecht, BMW Bank GmbH, München

Dr. Jan Zurek
Abteilungsleiter Gesamtbankergebnis & Bilanzstruktur, Hamburger Sparkasse AG, Hamburg